AF324485

LE POËME

DE POPE,

INTITULÉ:

ESSAY

SUR L'HOMME,

CONVAINCU D'IMPIÉTÉ.

LETTRES

Pour prémunir les Fidéles contre
l'irréligion.

par l'abbé Gaultier.

A LA HAYE,

M. DCC. XLVI.

Fautes à corriger.

PAge 35. *ligne* 4. est le grand objet , *lisez* étant le grand objet.

Pag. 56. ligne dern. de ta , *lisez* de la.

Pag. 72. *vers* 4e. *après* conspire , ôtez le point.

Pag. 74. *lig.* 27. accrus , *lisez* accrues.

Pag. 105. *ligne* 16. élévés *lisez* élevés.

Pag. 113. *ligne* 8. *après* chrétienne , *mettez* une virgule.

Ibid. *ligne* 9. *après* divinité , ôtez la virgule.

Pag. 118. *ligne* 2. fonds , *lisez* fond.

Pag. 141. *ligne* 16. ajou- , *lisez* ajoute-.

LE POEME DE POPE,

INTITULE'

ESSAY SUR L'HOMME,

CONVAINCU D'IMPIETE'.

PREMIERE LETTRE.

JE ne fai , Monfieur , fi vous êtes auffi occupé qu'on doit l'être , du progrès que fait l'irréligion. Ce ne font plus des dogmes particuliers ; c'eft la Religion toute entiere que l'on attaque. De toutes parts je vois paroître des Ecrits qui annoncent le deffein formé de fubftituer à la Religion chrétienne une prétendue *Religion naturelle.* Quelque folle que foit l'entreprife , il n'eft pas permis d'y être infenfible. Dieu outragé dans fa vérité ; l'Eglife méprifée dans fon autorité ; les Fidéles infultés dans leur docilité ; tout demande que l'on s'éleve contre les impies , qui eux-mêmes ofent s'élever contre le Seigneur & contre fon Chrift.

J'ai fous les yeux un manufcrit , relié magnifiquement , qui porte pour titre: *Examen fur la Religion en général , dont on cherche de bonne foi l'éclaircissement.* 1741.

Après avoir rejetté dans les premiers Chapitres, les miracles, les propheties, l'Ecriture sainte, Jesus-Chrift, les Myfteres, l'Eglife & fes Conciles, on entreprend de prouver dans le chapitre 12. *que Dieu n'a point revelé aux hommes un culte dont il ait voulu être honoré.* On foutient dans le chapitre 13. *que la Religion chrétienne tend à détruire la fociété civile, & à retenir dans de légitimes bornes moins de perfonnes qu'on ne penfe.* Et après avoir reconnu dans le chapitre 14. *qu'il y a un Etre fuperieur,* & avoir recherché *quelle conduite doit garder un honnête homme dans la vie,* on termine ce déteftable Ecrit par dire, *que la raifon & la nature font l'ouvrage de Dieu,* & QUE LES RELIGIONS SONT CELUI DES HOMMES. Tous ne parlent pas fi crûment: mais les Ecrits fecrets donnent la clef de ceux qui paroiffent en public. Au fond il ne faut pas beaucoup de pénétration pour appercevoir que c'eft à la Religion que l'on en veut, quand, pour la décrier, on prend le perfonnage, tantôt d'un Perfan, tantôt d'un Juif, tantôt d'un Philofophe. L'artifice eft groffier. On croit s'être préparé une réponfe victorieufe, quand on s'eft mis en état de dire : Ce n'eſt pas moi qui parle ; c'eſt un Perſan ; c'eſt un Juif. Ou bien : ce n'eſt pas comme Chrétien , mais comme Philoſophe que je parle. Cependant le coup eſt porté : le ſerpent a diſtillé ſon venin ; & le progrès qu'il fait , n'en eſt pas moins rapide , pour être moins apperçu. Autre ſtratagême. On met en vers le ſiſtême nouveau. Les Poëtes ont été les premiers Théologiens du Paganiſme ; aujourd'hui ils viennent prêter à l'irréligion , la cadence & l'agrément de leurs vers , pour s'inſinuer plus aiſément dans les eſprits. Le Poëte a des privileges , que n'a pas le Philoſophe & le Théologien. On s'attend quel'on dira : C'eſt un Poëte ; il ne faut pas prendre ſi rigoureuſement ce qu'il dit. Mais n'eſt-il défendu d'être impie qu'en proſe ? Si le Poëte fait le Théologien , n'eſt-il pas reſponſable de ce qu'il dit de contraire à l'analogie de la Foi ?

C'eſt apparemment ſur le principe , que l'on ne doit pas prendre à la rigueur ce que dit un Poëte , que l'on a laiſſé publier dans Paris la traduction en proſe & en vers du Poëme de Pope *ſur l'homme*. Si cet ouvrage ne s'étoit montré que furtivement , je le laiſſerois avec tant d'autres de même trempe , ſans

m'arrêter nommément à en découvrir le
venin. Mais le moyen de se taire sur un
ouvrage plein d'irréligion , qui s'annonce parmi nous avec tous les caracteres
extérieurs qui peuvent lui concilier l'es-
time & la faveur du Public ? Traduit
d'abord en prose, & distribué dans Paris , il a été depuis imprimé en vers avec
privilege du Rói, le nom de l'Auteur,
& celui du Traducteur. M. l'Abbé du
Resnel, Auteur de la versification fran-
çoise , & Membre de l'Académie des
Inscriptions & Belles Lettres , l'a fait
imprimer sous le privilege de l'Académie , en conséquence du rapport de M.
l'Abbé Gedoyn & de M. l'Abbé Sallier,
Commissaires nommés pour l'examiner.
L'ouvrage est dédié à Monseigneur le
Duc d'Orleans , premier Prince du
Sang. Quoi de plus capable de prévenir à l'avantage d'un Livre & de son Auteur ? Si l'on en croit M. du Resnel,
l'Auteur développe dans son Poëme les
*principes les plus importans de la Métaphysique
& de la Morale.* » On y trouve un court
» exposé de ce que la Métaphysique a de
» plus certain pour nous conduire à la
» connoissance de nous-mêmes , & la
» Morale de plus nécessaire pour nous
» porter à la pratique de nos devoirs
» par rapport à Dieu & par rapport aux

Ep. De-
dic. p. 5.

Disc.
Prel.
p. 5.

» hommes. Ce Poëme , dit encore M. Ibid.
» du Refnel , ne tend qu'à infpirer une p. 9.
» grande idée de Dieu, une foumiffion
» parfaite à fa volonté , l'amour de ce
» fage & bienfaifant Créateur , & l'a-
» mour de tous les hommes. » Il avertit
» néanmoins que M. Pope écrit en Phi-
» lofophe, & non en Théologien, mais
» en Philofophe Chrétien, qui par les
» lumieres de la raifon difpofe les efprits
» à recevoir favorablement les lumieres
» de la Foi. « Plût à Dieu qu'il me fût
permis de foufcrire au jugement de M.
du Refnel ! Je le ferois avec autant de
joie , que j'ai de douleur d'être obligé
de penfer différemment. Mettant donc
à part la caufe de l'Académie , qui s'eft
laiffée furprendre , & celle du Traducteur trop prévenu en faveur de fon Poëte Anglois , j'entreprens de prouver
que le Poëme de Pope fappe la Religion
dans fes fondemens. Pour rendre plus
fenfible ce que je dois dire , je vais faire
par demandes & par réponfes l'analyfe
du Poëme, où regne une efpece de def-
ordre , que l'on dit être du génie Anglois. En réuniffant fous un même point
de vûe , & donnant de la fuite aux principes épars dans tout l'ouvrage, on
verra fi c'eft à tort que je me plains.

A iij

CATECHISME DE POPE
tiré de son *Essai sur l'Homme*.

D. De tous les mondes possibles, quel monde Dieu a-t'il dû créer ?

R. Dieu a dû créer le plus parfait, & lui donner la préference sur tout autre.

» Des decrets divins la sage profondeur

» *Au plan le plus parfait donnant la préference,*

» DOIT enfanter un monde, où brille sa puissance ;

» Où, quoique séparé, rien ne soit desuni ;

» Où croissant par degrés jusques à l'infini,

» Les Etres différens sans laisser d'intervale,

» Gardent dans leurs progrès une justesse égale.

D. Quelle vûe Dieu s'est-il proposé en créant le monde ?

R. Le bonheur du tout. Dieu ne s'est pas proposé le bonheur de tels ou tels Etres. L'Univers entier est un systême de société. Dieu *a travaillé pour* LE BONHEUR *des animaux les plus grossiers,* AUSSI-BIEN *que pour le bonheur de l'homme.*

» Confidere le monde ; il eſt aux yeux
   du ſage
» De la ſociété la plus parfaite image.....
» L'Univers eſt formé : la puiſſance in-
   finie
» Répand dans la nature un principe de
   vie.
» Les Etres animés par ce ſoufle divin,
« Se portent de concert vers une même
   fin.
» Sans jamais s'écarter de la loi qui les
   preſſe,
» *Pour le bien général chacun d'eux s'inté-*
   reſſe.
» Tu vois les végétaux devenir l'ali-
   ment
  Des Etres que le Ciel doüa de ſenti-
   ment.
» Mais ceux-ci par leur mort changent-
   ils de nature ?
» Ils vont aux végétaux ſervir de nourri-
   ture.
» Il n'eſt rien de durable, & TOUT ETRE
   à ſon tour
» Sort du néant, y rentre, & *reparoît au*
   jour.
» Rien n'eſt indépendant ; mais toutes
   les parties
» *Se rapportent au tout,* au tout ſont aſſor-
   ties.

A iiij

pag. 103 .04.

» *L'ame de l'Univers*, leur force & leur
 foutien,
» Entre elles les unit par un même lien.
» L'homme prête à la Brute un fecours
 falutaire ;
» Et la Brute à fon tour à l'homme eft
 néceffaire.
» Tout donne, tout reçoit ici-bas du
 fecours ;
» Et le foible & le fort l'un à l'autre ont
 recours.
» Cette chaîne fe fuit ; répons, où fi-
 nit-elle ?
» Qui peut t'en informer ? La puiffance
 immortelle.

D. Quelles loix Dieu fuit-il pour conduire au bonheur ?

R. Des loix générales, qui ne lui per-
mettent pas de déranger pour quelques
favoris le fyftême de l'Univers.

pag. 134 » Ne penfez pas que Dieu comme un
 timide Roi,
» Changeant à votre gré fa primitive
 loi ;
» Pour quelques favoris qu'il adopte et qu'il aime,
» De ce vafte Univers dérange le fyftême . . . . .
» Mortels, je le repete, une loi générale

» *Détermine* TOUJOURS la cauſe princi- p. 117.
pale.

» Vous voulez que ces ſoins ne s'atta-
chent qu'à vous ;

» Elle *veut le bonheur*, non d'un ſeul, *mais*
de tous.

» Dans les dons différens que le Ciel
diſtribue ,

» Sa profonde ſageſſe a ce principe en
vûe.

D. Peut-on dire que le monde en général , & les animaux en particulier ſont
pour l'homme?

R. Non. Les animaux pourroient avec
autant de raiſon dire que l'homme eſt
fait pour eux.

» Homme préſomptueux , quelle er- p. 104.
reur te ſéduit?

» Crois-tu que pour toi ſeul l'Univers
ſoit produit ?

» Dieu n'a-t'il travaillé que pour ta
nourriture ,

» Pour ton amuſement, ton bien , ou
ta parure ?

» Pour ſoulager ta faim , la main qui
dans les champs ,

» Engraiſſe des agneaux les troupeaux
bondiſſans ,

» Leur donne comme à toi les beſoins
de la vie ,

» Et de gazon pour eux embellit la prai-
rie . . . . .

» La nature attentive à leurs justes besoins,

ȳ. 105. » Entre tous ses enfans a partagé ses
soins.

» Un Roi dans les hyvers s'arme de la
fourrure

» Qu'à l'Ours contre le froid a donné la
nature.

» Tandis que pour lui seul l'homme
croit tout formé,

» Et que du Créateur il se croit seul aimé ;

Voyez à me servir combien l'homme
s'empresse,

Dit un vil animal, qu'avec soin l'on
engraisse,

» L'homme est fait pour moi seul. Il ne
peut pénétrer

» Que l'homme ne le sert que pour le
dévorer.

» Que pensez-vous de l'homme ? *est-il
plus raisonnable ?*

» Et ne tombe-t'il pas dans *une erreur
semblable,*

» Lorsqu'à ses seuls besoins croyant tout
destiné ,

» Il ne voit pas QU'AU TOUT IL EST SUB-
ORDONNÉ.

D. Qu'eſt-ce que l'homme ?

R. » Un étonnant labyrinthe ;

» Où d'un plan regulier l'œil reconnoît P. 65.
l'empreinte :

» Champ fécond , mais ſauvage , où PAR DE SAGES LOIX

» La *roſe* & le *chardon* FLEURISSENT A LA FOIS . . . .

» Quel mélange étonnant , quel étrange problême !

» En lui que de lumiere , & que d'obſcurité !

» En lui quelle baſſeſſe , & quelle Majeſté ! . . . .

» Ce n'eſt que pour mourir qu'il eſt né , qu'il reſpire ;

» Et toute ſa raiſon n'eſt preſque qu'un délire.

» S'il ne l'écoute point , tout lui paroît obſcur :

» S'il la conſulte trop , rien ne lui paroît ſûr.

» Cahos de paſſions & de vaines penſées ,

» Admiſes tour à tour , tour à tour repouſſées ;

» Dans ſes vagues déſirs incertain , inconſtant ;

» Tantôt fou , tantôt ſage , il change à chaque inſtant ;

» Egalement rempli de force & de foiblesse ,
» Il tombe , il se releve , & retombe sans
cesse.
» Seul il peut découvrir l'obscure vérité ;
» Et d'erreur en erreur il est préci-
pité.
» *Créé maître de tout* , de tout il est la
proye ;
» Sans sujet il s'afflige , ou se livre à la
joye :
» Et toujours en discorde avec son propre cœur ,
» *Il est de la nature* ET LA HONTE *& l'hon-*
neur.

D. 87.   D. L'esprit de l'homme peut-il par ses
refléxions parvenir à connoître son principe & sa fin ?
R. Non.
» De quoi par ses travaux s'est-il rendu
certain ?
» *Peut - il te découvrir ton principe & ta*
fin ?

D. Dites-moi ce qui distingue l'homme des animaux.

R. La raison. Dieu a donné à l'homme la raison , & aux animaux l'instinct
pour les conduire.

(13)

» Le Dieu dont le pouvoir sur les Etres
préside,
» Soit que *le seul instinct* ou *la raison* les
guide,
» A pris un tendre soin de partager en-
tre-eux
» Ce qui pouvoit les rendre AUSSI PAR-
FAITS QU'HEUREUX.
» Il leur donne un attrait, une regle
certaine,
» Dont l'insensible effort au bonheur les
entraine,
» Et les porte *toujours* à remplir LEUR
DESTIN ,
» Soit par refléxion, soit même sans
dessein.

D. Quel est le mieux partagé de
l'homme , ou des animaux ?

» *R*. Si par l'heureux secours d'une main
invisible
» La Brute dans l'instinct trouve un guide infaillible ,
» Qu'a-t'elle à désirer ? Voudrois-tu
qu'un Docteur
» Lui dictât des leçons , devînt son conducteur ?
» La raison est pour l'homme un serviteur habile ,
» Mais un serviteur *froid*, *paresseux* , *in-
docile.*

» Il le faut appeller dans les preffans
   befoins ,
» Pour forcer fa lenteur à nous donner
   fes foins.
» L'inftinct fans ceffe agit, preffe, aver-
   tit , excite ;
» Et pour fe préfenter n'attend pas
   qu'on l'invite.
» Il ne manque jamais , il eft pour tous
   les tems.
» La raifon ne nous fert que dans quel-
   ques inftans.
» L'inftinct , fans héfiter , prompt , do-
   cile & fidele ,
» Va droit au but marqué par la caufe
   éternelle ;
» De ce but la raifon , libre de s'écarter ,
» Sort de l'ordre prefcrit, ofe lui réfifter.
» EN VAIN DE LA RAISON TU VANTES
   L'EXCELLENCE.
» DOIT-ELLE SUR L'INSTINCT AVOIR LA
   PRÉFERENCE ?
» ENTRE CES FACULTÉS QUELLE COM-
   PARAISON !
» DIEU DIRIGE L'INSTINCT , ET L'HOMME
   LA RAISON.

D. Dieu n'a-t'il donné à l'homme
que la raifon ?

R. Il y a joint l'amour propre,

(15)

› Deux puissances dans l'homme exer- p. 87.
cent leur empire.
› L'une est pour l'exciter, l'autre pour
le conduire.
› L'amour propre dans l'ame enfante
le désir,
› Lui fait fuir la douleur, & chercher
le plaisir.
» La raison le retient, le guide, le mo-
dére ;
› Calme des passions la fougue témé-
raire.
› L'un & l'autre d'accord nous don-
nent le moyen,
» Et d'éviter le mal, & d'arriver au bien.
» Bannissez l'amour propre, écartez ce
mobile,
» L'homme est enseveli dans un repos
stérile.
» Otez lui la raison, tout son effort est
vain :
» Il se conduit sans regle, il agit sans
dessein.....
» La raison, *l'amour propre* avec *le même
effort*
» *Tendant au même but*, doivent mar- p. 89.
cher d'accord.
» Ils ont pour la douleur une invincible
haine :
» Un attrait naturel *au plaisir les entraîne.*

» Mais l'amour propre, *ardent à l'aspect*
    du plaisir,
» *Dévore avidement* l'objet de son desir.
» La raison le ménage ; & d'une main
    habile
» Prend, sans blesser la fleur, le miel
    qu'elle distille.
» L'homme doit discerner, s'il veut se
    rendre heureux,
» Du plaisir innocent le plaisir dange-
    reux.

    D. D'où naissent les passions ?

    R. De l'amour propre, dont elles
sont les modifications.

» Que sont les passions ? L'amour pro-
    pre luî-même,
» Évitant ce qu'il hait, & cherchant ce
    qu'il aime.
» D'un bien faux ou réel la prompte
    impression,
» Les frappant vivement les met en ac-
    tion.
» Lorsque, sans offenser les intérêts des
    autres,
» Leur mouvement se borne à conten-
    ter les nôtres,
» *La raison les adopte*, & leur donnant ses
    soins,
» Emprunte leur secours dans leurs jus-
    tes besoins.

                    » Mais

» Mais lorfque d'un mortel élevant le
  courage,
» Elles ferment fes yeux fur fon propre
  avantage,
» *La raifon applaudit* à leurs nobles tranf-
  ports,
» Et du nom de Vertu couronne leurs
  efforts.

D. Qui met les paffions en mouvement ?

R. Les efprits animaux. Les plus
nombreux forment la paffion dominante..

» De l'amour des plaifirs *notre ame pof-
  fedée*,
» En jouit en effet, ou les goute en p. 21.
  idée.
» Elle agit fans relâche, ou pour les retenir,
» Ou pour s'en préparer, au moins dans
  l'avenir.
» Mais de ces paffions la féduifante
  amorce,
» A fur le cœur de l'homme ou plus ou
  moins de force,
» *Selon que les efprits répandus dans le
  corps,*
» *Sont plus ou moins nombreux, plus foibles
  ou plus forts.*

» De la se forme en nous *la passion re-*
gnante ,

» Qui toujours combattue , & toujours
triomphante ;

» Semblable à ce serpent du grand Lé-
gislateur ,

» Qui brava d'un Tyran le prestige enchanteur ,

» Des autres passions soumet l'humeur
rebelle ,

» Les dompte , les dévore , & les transforme en elle.

D. Quel est le premier auteur de la
passion dominante ?

R. Dieu même , qui nous en a donné
le principe en venant au monde.

» L'homme , en venant au jour , porte
dans son berceau

» Le principe de mort qui le méne au
tombeau.

» Ce germe destructeur dans le cours
de sa vie ,

» Se mêle avec son sang , y croît , s'y for-
tifie.

» Ainsi , *la passion qui doit nous gouverner ,*

» Acquiert sur notre esprit le droit de
dominer.

» Elle y verse en secret sa maligne influence ,

» Elle y transforme tout en sa propre
substance.

» L'imagination feconde fes efforts ;
» Et la rend fouveraine & de l'ame &
du corps.
» Chaque jour l'habitude & nourrit &
fait croître
» CE PENCHANT QU'AVEC NOUS LA NA-
TURE FIT NAÎTRE.

D. De quel ufage eft la raifon à l'é-
gard de la paffion dominante ?

» Lorfque fa force agit, loin de lui réfif-   P. 93.
ter ,
» L'efprit & les talens ne font que l'ir-
riter.
» Que dis-je ? La raifon dans le fecret de   P. 94.
l'ame
» Flatte cet ennemi , le foutient &
l'enflâme :
» Telle que le Soleil, qui fouvent par
fes feux,
» Rend des fucs corrompus encor plus
dangereux.
» Quelle que foit enfin la paffion re-
gnante ,
» Contre-elle la raifon eft fouvent im-
puiffante.
» Orgueilleufe raifon , tu foutiens mal
tes droits !
» Foible Reine, crois-tu nous prefcrire
des loix !

» A quelque favori toujours aban-
donnée ,

» Tu lui laiffes le foin de notre deftinée.

» A quoi donc fe réduit ton pouvoir fi
vanté ?

» De tes dures leçons quelle eft l'utilité ?

» Tu veux que du plaifir nous redou-
tions les charmes :

» Mais , pour en triompher , nous don-
nes-tu des armes ?

» Ta voix fur nos défauts nous force à
refléchir :

» Mais que peut ton fecours pour nous
en affranchir ?

» De reproches amers en vain tu nous
accables :

» Sans nous rendre meilleurs , tu nous
r ens miférables.

» Le flambeau qu'à nos yeux tu viens
fans cefTe offrir ,

» Sert à nous tourmenter, non à nous
fecourir.

» Tu fais juftifier nos differens capri-
ces ,

» Et du nom de vertu tu décores nos
vices.

» Tu fais dans notre cœur par les foins
que tu prens ,

» A de foibles défauts fuccéder de plus
grands.

» C'eſt ainſi qu'aux humeurs faiſant
   changer de route ,
» L'art à des maux legers fait ſuccéder
   la goute ,
» Et que le Medecin , fier de ce changement ,
» Croyant nous ſoulager , accroît notre
   tourment.

D. Quelles conféquences doit-on tirer de là ?

R. Qu'il faut céder aux loix de la nature.

» CEDONS , CONFORMONS NOUS AUX p. 93.
   LOIX DE LA NATURE ;
» La route qu'elle trace , EST TOUJOURS
   LA PLUS SURE.
» LE BUT DE LA RAISON N'EST PAS DE
   NOUS GUIDER.
» Son principal emploi ſe borne à nous
   garder.
» C'eſt un maître prudent , chargé de
   nous inſtruire ,
» Qui doit régler nos goûts , mais non
   pas les détruire ;
» Et de la paſſion qui regne dans le
   cœur ,
» ÊTRE MOINS L'ENNEMI QUE LE MODE-
   RATEUR.

» PAR CETTE PASSION LE CIEL NOUS
DETERMINE
» Aux desseins qu'a formés la Sagesse
divine.
» Elle veut, pour remplir ses augustes
projets,
» Que chaque homme s'attache à diffé-
rens objets.
» De cette passion la force impérieuse,
» De tout autre penchant se rend vic-
torieuse.
» A l'objet qu'elle suit, elle arrive tou-
jours ;
» Et qui veut l'arrêter, précipite son
cours.

D. Suivant cette doctrine, il paroît
que la passion dominante & toutes les
passions ne sont pas si à redouter qu'on
le pense. Elles me paroissent d'un
grand usage pour le commerce de la
vie.

» *R.* Plus notre esprit est fort, plus il
faut qu'il agisse.
P. 90. » Il meurt dans le repos, il vit dans
l'exercice.
» C'est par les passions que l'homme
est excité.
» L'ame en tire sa force & son activité.
» Loin qu'un trouble naissant l'épouvante & l'arrête ;

» Elle met à profit une utile tempête.

» La vie eſt une mer où ſans ceſſe agi-
  tés ,

» Par de rapides flots nous ſommes em-
  portés.

» La raiſon que du Ciel nous eumes en
  partage,

» Devient notre bouſſole au milieu de
  l'orage :

» Et ſon flambeau divin prêt à nous
  éclairer ,

» A travers les écueils peut ſeul nous
  raſſurer.

» Mais de nos paſſions les mouvemens
  contraires ,

» Sur ce vaſte Océan ſont DES VENTS
  NECESSAIRES.

» Dieu lui-même, Dieu fort de ſon
  profond repos :

» Il monte ſur les vents, il marche ſur
  les flots.

» Le déſir & l'amour , la joie & l'eſpérance ,

» *Cortege du plaiſir* , qui leur donne naiſſance ;

» La crainte , le ſoupçon, *la haine & le
  chagrin* ,

» Que la douleur enfante, & nourrit
  dans ſon ſein.

» Toutes ces paſſions entre elles com-
  binées ,

» *Au bonheur des humains* ont été desti-
nées.

» De leurs combats divers *résultent des
accords,*

» Qui forment l'union & de l'ame & du
corps.

D. Jusqu'ici j'avois cru qu'il seroit
plus avantageux à l'homme de n'être
pas agité par des passions si différentes ?

R. » Si tout dans l'Univers, sujet au
changement,

p. 73. » Se combat, se détruit & change in-
cessamment ;

» Si de l'Etre éternel la sagesse infinie,

» Du monde par le trouble entretient
l'harmonie :

» Pourquoi prétendez-vous qu'exempt
de passions,

» L'homme soit insensible à leurs im-
pressions ? . . . . . .

p. 74. » A suivre nos projets, tout seroit en
ce monde,

» Dans un concert parfait, dans une
paix profonde ;

» Nous voudrions que l'homme, ami
de la vertu,

» *De désirs vicieux ne fût point combattu :*

» Que l'air ne fût jamais obscurci de
nuages,

» Ni

» Ni le calme des mers troublé par des
    orages ;
» Et que le cœur conduit par la loi du
    devoir ,
» *Jamais des paſſions ne ſentit le pouvoir.*
» Mais des fiers élemens *l'éternelle diſ-*
    corde ,
» Fait que le monde entier ſe conſerve
    & s'accorde ;
» Et SANS LES PASSIONS qui viennent
    l'agiter ,
» L'homme inſenſible à tout, *pourroit-*
    il ſubſiſter ?

D. Puiſque les paſſions ont des effets
ſi admirables, ne pourroient-elles pas
nous rendre vertueux ?

R. » *Du ſein des paſſions* ne voit-on pas p. 94.
    ſortir
» Les *vertus* dont l'effet PEUT MOINS SE
    DE'MENTIR ? .....
» Combien de fois *l'orgueil, & la haine*
    & l'amour ,
» A de nobles exploits ont-ils donné le
    jour ?
» *La colere* ſupplée au zéle , à la vaillan-
    ce :
» *L'avarice* eſt ſouvent mere de la pru-
    dence :
» Arrêtant dans leurs cours nos bouil-
    lantes ardeurs ,   C

» *La paresse* entretient la sagesse des mœurs :

» *L'envie*, adoucissant son impuissante rage,

» Sert d'émulation, & soutient le courage.

» EST-IL QUELQUE VERTU, QUI SE FASSE ADMIRER,

» QUE LA HONTE OU L'ORGUEIL NE NOUS PUISSE INSPIRER ?

D. Si la honte & l'orgueil sont les peres des vertus, quelle distance y a-t'il entre le vice & la vertu ?

p. 94.   *R.* » Du vice à la vertu, qu'il est peu de distance !

» Entre eux l'homme sans cesse & chancele & balance ....

p. 95. » *Le vice & la vertu se touchent de si près,*

» *Qu'en vain on chercheroit le point de la distance,*

» *Où la vertu finit, où le vice commence.*

D. N'y a-t'il donc ni vices ni vertus ?

p. 96.   *R.* » Le vice est regardé comme un monstre odieux,

» Dans le premier instant qu'il paroît à nos yeux.

» Mais l'horreur qui le suit, par dégrés diminue :

» Nous nous accoutumons à foutenir fa
vue.

» Bientôt le cœur pour lui fe laiffe inté-
reffer ,

» Et notre aveuglement va jufqu'à l'em-
braffer.

» L'homme fixe à fon gré l'extremité
du vice ,

» Blâme par paffion, approuve par caprice.

» Aveugle fur lui - même , il ne voit
point en lui ,

» Les excès vicieux qu'il condamne en
autrui.

D. Pouvons-nous être exemts de
vices ?

R. » ..... *Toujours* notre cœur au-dedans divifé ,

» De vices, de vertus fe trouve compo-
fé ......

» Les hommes ne font bons ou méchans p. 97.
qu'en partie :

» *Aux loix des paffions* notre ame *affujetie,*

» Change à chaque moment, & *paffe*
tour à tour

» Du vice à la vertu, de la haine à l'a-
mour.

D. Vous avez dit ci-deffus, que l'amour propre, pere des paſſions, vient de Dieu. Sans doute que Dieu ne nous aura pas fait un pareil préſent ſans de grands deſſeins. Expliquez-moi donc à quoi ſert l'amour propre & toutes les paſſions qui en naiſſent ?

Ibid. *R.* » Tous ſans diſtinction, le fou comme le ſage,

» Ne connoiſſent de loi que leur propre avantage.

» Chacun cherche ſon bien ; mais tous d'un pas égal

» Marchent, *ſans y penſer*, vers le bien général.

» C'eſt à *ce grand deſſein* que le Maître ſuprême,

» Fait ſervir les efforts de la malice même ;

» Les complots les plus noirs, le caprice, l'erreur,

» Les défauts de l'eſprit, les foibleſſes du cœur.

» C'eſt pour ce grand deſſein, que Dieu *dans ſa ſageſſe*,

» *En chaque homme a placé* QUELQUE HEUREUSE FOIBLESSE.

» La honte de ceder aux traits du ſuborneur,

» Dans le cœur d'une fille eſt l'appui de l'honneur ;

» Dans l'esprit de la femme une *fierté*
  sevére,
» L'empêche de bruler d'une flamme
  adultére.
» Qui conduit les guerriers ? c'est la *té-*
  mérité.
» Qui fait fleurir les arts ? souvent *la*
  vanité.
» Et cette *vanité* secréte & délicate ,
» Sans qu'un vil intérêt nous anime &
  nous flate ,
» En charmant notre esprit par ses illu-
  sions ,
» *Enfante* quelquefois *de nobles actions.*
» Ainsi du Créateur la sagesse profonde,
» Se sert de nos défauts pour *le bonheur*
  du monde.

D. Si Dieu a placé dans l'homme
d'heureuses foiblesses pour le bonheur
du tout , il ne faut plus demander raison des contrariétés qui sont dans l'homme ?

R. Non. L'homme est tel qu'il a dû
être.

» Dans l'homme TEL QU'IL EST , ce qui *P. 68.*
  paroît un mal ,
» Est la source d'un bien dans l'ordre
  général.

L'homme ignore la caufe de ce mêlange de grandeur & de baffeffe ; il ignore la caufe des contrariétés qui font
en lui. Mais Dieu fait pourquoi il les
y a placées. A cet égard il en eft de
l'homme comme des animaux. Le che-
val ne fait pourquoi le Cavalier qui le
monte, tantôt lui lâche la bride, & tantôt la retient. De même l'homme ne
peut favoir

» Pourquoi de fes penchans & l'efclave
   & le maître,
» Avec tant de foibleffe il joint tant de
   grandeur :
» Pourquoi toujours en guerre avec fon
   propre cœur,
» Tantôt il fe rabbaiffe au-deffous de
   lui-même,
» Et s'éleve tantôt jufqu'à l'Etre fuprê-
   me.

D. Si l'homme n'eft que ce qu'il a dû
être, il ne faut donc plus regarder l'homme tel qu'il naît aujourd'hui, comme
imparfait ?

R. La conféquence eft jufte.

p. 63. » Ne foutenez donc plus que l'homme
   eft *imparfait.*
» Le Ciel l'a formé tel qu'IL DOIT ETRE
   en effet.

» Tout annonce dans lui la fageffe profonde,
» Du Dieu qui l'a créé pour habiter ce
monde.
» Un état plus parfait ne lui conviendroit point :
» Son tems n'eft qu'un moment, fon ef-
pace qu'un point.

D. Suivant vos principes Dieu n'auroit donc pu créer l'homme autrement
qu'il n'eft. Il n'auroit pu le créer exemt
d'ignorance, de concupifcence, des
miferes de cette vie, & de la mort ?

R. Puifque Dieu a dû créer le monde
le plus parfait ; & que pour donner au
monde le plus haut point de perfection,
il étoit néceffaire que l'homme fortît
des mains de Dieu tel qu'il eft actuelle-
ment, fans doute que Dieu a dû créer
l'homme fujet à l'ignorance, à la concupifcence, aux miferes de la vie & à la
mort.

» Rougis donc, ô mortel, de ta pré- p. 80,
fomption,
» Et ne nomme plus l'ordre une imperfection.
» Ce qui paroît un mal à notre foible
vue,
» Eft de notre bonheur une fource in-
connue.   C iv

» Rentre enfin dans toi-même ; & d'un
    esprit soumis,
» Contente-toi du rang où l'Eternel t'a
    mis ......
p. 81. » Ce qui dans l'Univers te revolte & te
    bleſſe,
» Forme un parfait accord qui paſſe ta
    ſageſſe.
» Tout déſordre apparent eſt un ORDRE
    RÉEL :
» Tout mal particulier, un bien univer-
    ſel ;
» Et bravant de tes ſens l'orgueilleuſe
    impoſture,
» Conclus que TOUT EST BIEN *dans* TOU-
    TE *la nature.*

    D. Un monde où le crime ne ſeroit
point récompenſé, ne ſeroit-il pas à
déſirer plutôt que celui-ci ?
    R. Mauvais raiſonnement.

p. 136. » Que ſi vous condamnez dans vos in-
    juſtes vœux,
» L'arrangement d'un monde où *le cri-*
    me eſt heureux ;
» Suivons pour un moment votre *aveu-*
    gle manie :
» Mettons dans l'Univers plus d'ordre
    & d'harmonie.
» J'en conviens avec vous, des hom-
    mes vertueux,

(33)

» Méritent le projet que nous formons
pour eux.

» De Juftes feulement compofons un
Empire :

» Mais dans le fond des cœurs Dieu
feul a droit de lire :

» Eh ! quel autre qu'un Dieu pourra
nous révéler,

» Ces Juftes que vos foins prétendent
raffembler ?

» L'un croit voir dans Calvin un or-
gane célefte ;

» Comme un monftre infernal un autre
le détefte.

» Ce qui pour une Secte eft une vérité,

» Comme un dogme trompeur par l'autre eft rejetté.

» De divers préjugés nos ames poffé-
dées,

» Sur les mêmes fujets ont diverfes
idées.

» Ce qui fait mon plaifir deviendroit
ton tourment ;

» Le prix de ma vertu feroit ton châtiment.

» Les plus fages toujours ne penfent pas
de même :

» SEROIENT-ILS DONC HEUREUX PAR
UN MEME SYSTEME ?

» Que chacun des Mortels en ait un différent,

» On verroit bientôt naître un désordre plus grand.

» TOUT EST BIEN COMME IL EST : L'ar-
» rangement du monde,
Prouve de l'Eternel la sagesse profonde.

D. Que doit-on donc penser de ceux
qui veulent trouver de l'imperfection
dans l'état présent de l'Univers ?

R. Ce sont des téméraires qui osent
se placer sur le trône de Dieu même.

p. 72. » Aveugle en ses désirs, l'orgueil ambi-
tieux
» Veut sortir de sa sphére, & s'élever
aux Cieux :
» L'orgueil de toute erreur fut la cause
premiere :
» Les Anges éblouis par sa fausse lu-
miere,
» Au Dieu qui les créa, voulurent s'é-
galer ;
» Aux Anges à son tour l'homme veut
ressembler.
» Changer l'ordre établi par la cause
suprême,
» C'est prétendre comme eux s'égaler à
Dieu même.

La source de ces méprises, est que

l'homme croit tout fait pour lui ; & il ne voit pas qu'il eſt fait, comme on l'a déja dit, pour le bonheur du tout.

» ...... *Le bonheur du tout eſt le grand* p. 108.
   objet
» *Que Dieu s'eſt propoſe dans tout ce qu'il a fait.*

D. Si l'homme eſt fait pour le bonheur du tout, il doit s'intéreſſer au bonheur du tout. Mais juſqu'où cela doit-il s'étendre ?

R. Ce devoir a beaucoup plus d'étendue que l'on ne penſe. Non-ſeulement il faut s'intéreſſer au bonheur de tous les hommes, mais il faut s'intéreſſer au bonheur des animaux & de tous les êtres qui ſont dans notre ſphére. Que dis-je ? Il faut s'intéreſſer au bonheur de tous les êtres qui ſont dans une multitude infinie d'autres ſphéres ou d'autres mondes qui compoſent l'Univers.

» Que ton cœur s'intéreſſe à tout Etre p. 150.
   qui penſe ,
» *A tout Etre qui vit* , à DES MONDES DIVERS ,
» Qui forment avec toi cet immenſe Univers.

D. Ce que vous venez de dire me donne de grands ſcrupules. Si je dois

m'intéresser au bonheur des animaux,
je ne vois pas comment je puis les tuer
& me nourrir de leur chair.

R. Aussi les premiers hommes étoient-
ils bien éloignés de cette cruauté. Dans
ces heureux tems où Dieu même étoit
le conducteur de l'homme,

p. 110. » L'amour propre régnoit, mais sou-
mis & tranquille.

» Du bonheur mutuel il étoit le mobile....

» Avec les animaux *l'homme d'intelligen-
ce,*

» A l'ombre des forêts vivoit en assu-
rance.

» On ne le voyoit point ensanglanter
sa main,

» Pour défendre son corps du froid, ou
de la faim.

» La terre sans travaux, sans soins &
sans culture,

» Leur donnoit même lit & même
nourriture.

» L'homme & les animaux réunissant
leurs voix,

» Pour louer leur Auteur s'assembloient
dans les bois.

» Ces bois étoient leur temple ; *un culte
sanguinaire*

» N'en déshonoroit point l'augufte Sanctuaire . . . .

» O! combien différent & de gouts &
de mœurs,

» L'homme dégénéra de fes premiers
auteurs !

» Il remplit de terreur l'air, les mers &
la terre :

» Aux foibles animaux il déclara la
guerre.

» Tantôt leur meurtrier, & tantôt leur
tombeau,

» Il fe couvrit les yeux *d'un coupable ban-
deau*;

» *Aux cris de la nature* il devint infenfible ;

» Le fang n'effraya plus fon courage inflexible :

» *Cruel aux animaux*, injufte pour les
fiens,

» Avec fon innocence il perdit tous fes
biens.

» De ce luxe effrené l'affreufe tyrannie

» *Par un jufte retour fut auffi-tòt punie.*

» LA FIEVRE, LA DOULEUR, UNE FOULE
DE MAUX,

» SORTIRENT A L'ENVI DU SANG DES
ANIMAUX.

» De ce fang étranger la fougue impé-
tueufe,

» Mit *dans les passions* une ardeur furieu-
se ;

» Et malgré ses remords, dans le crime
afferini ,

» L'homme trouva dans l'homme un
farouche ennemi.

D. Jusqu'ici j'avois ignoré que les
maux dont l'homme est affligé , eussent
pour origine la guerre qu'il fait aux
animaux. Mais, puisque l'homme, en
tuant les animaux, a violé les premieres loix de la nature ; quel dédommage-
ment Dieu a-t'il donné aux animaux,
de l'injustice qu'ils souffrent de la part
des hommes ?

R. Dieu , pour punir l'homme, l'a
rabbaissé jusqu'à l'obliger de venir à l'é-
cole des animaux pour y apprendre la
Médecine, le Labourage , l'Architec-
ture, la Marine ; à vivre en commun,
à obéir à un Roi. Les animaux ont
montré à l'homme les fruits dont il
pourroit se nourrir sans danger.

p. 112. » La nature indignée alors se fit entendre :

» Va , malheureux mortel, va lui dit-
elle ; apprendre

» Des plus vils animaux l'industrie & les
soins ,

» Qu'exigent ta foiblesse & tes divers
besoins.

» Va parcourir les bois : que les oiseaux
t'instruisent ,

» Et te montrent les fruits que les buis-
sons produisent.

» Observe dans les champs les pas des
animaux.

» Leur instinct t'apprendra l'art de gué-
rir tes maux.

» Voudrois-tu des saisons braver l'in-
tempérie ,

» De l'abeille en sa ruche imite l'industrie :

» Que la taupe t'apprenne à labourer les
champs :

» Que l'exemple du ver forme des tisse-
rans &c.

D. Les Arts ayant été inventés d'a-
près les animaux , que firent les hommes ?

R. Ils bâtirent des villes ; ils forme- p. 114.
rent des sociétés ; ils traverserent les 119.
mers , & établirent entre-eux un commerce réglé. Mais la reconnoissance
pour les hommes qui avoient appris les
arts à l'école des animaux , porta les enfans à décerner à leurs peres les honneurs divins. La crainte devint le principe de la superstition , & porta à re-

garder comme des Dieux les premiers Tyrans. La tyrannie étendit le regne de la superstition. Les Tyrans d'abord n'observoient aucune loi : mais pour leur propre sureté ils consentirent à se faire des loix , & à les observer.

D. La Religion alors reprit-elle ses premiers droits sur l'esprit des peuples ? Commença-t'on à rétablir le culte du vrai Dieu ?

R. Oui.

» Alors le Ciel forma des hommes ma-gnanimes ;

» Poëtes , Orateurs , Philosophes subli-mes.

» Les uns PLEINS DE RESPECT POUR LA DIVINITÉ;

» Les autres par amour pour la societé ,

» Trouverent CETTE FOI , CETTE MO-RALE PURE ,

» Que leurs premiers Auteurs tenoient de la nature.

» Ils marcherent au feu de son ancien flambeau ,

» Trop sages pour vouloir en chercher un nouveau ,

» Cherchant du Créateur à rétablir l'ou-vrage ,

» Ils en tracerent l'ombre au défaut de l'image.

D.

(41)

D. Vous avez dit ci-deſſus que Dieu,
en créant l'Univers, s'eſt propoſé le
bonheur du tout. Qu'eſt-ce que le bonheur ?

R. C'eſt une tranquillité, une douceur, un plaiſir, un contentement, un
charmant je ne ſai quoi ; un

» Objet fixe & changeant, dont les *p. 125.*
fous & les ſages

» Se forment tour à tour de confuſes
images,

» Qui toujours près de nous, trompe
notre déſir,

» Et fuit dans le moment où l'on croit
le ſaiſir.

D. Où trouve-t'on le bonheur ?

R. Qui poſſede un ſens droit, qui *p. 127.*
poſſede un bon cœur,

» *A dans ſon propre fond* LA SOURCE *du
bonheur.*

D. Que faut-il faire pour être heureux ?

R. » Homme, pour être heureux, tu
n'as QU'UN SEUL MOYEN :

» C'eſt de vivre content des dons de la
nature,

» Et de te conformer à leur juſte me-
ſure.

D. Tous les hommes jouiſſent-ils du
bonheur ?

D

R. Tous au moins en ont le principe
au dedans d'eux mêmes.

p. 128. » De l'Etre souverain l'éternelle sagesse,
» Pour tous *également* agit & s'intéresse ;
» Et de ses dons divers le partage inégal
» Devient le fondement du bonheur gé-
néral.
» C'est par *ce seul motif* qu'elle le fait dé-
pendre
» Des secours mutuels que nous devons
nous rendre ;
» Et chacun attaché par ce secret lien ,
» Fait le bonheur commun *en travaillant
aù sien* . . . . .

p. 148. » Apprens , foible mortel ; & qu'à cette
science
» Se borne, s'il se peut, toute ta connoissance :
» Apprens donc qu'il n'est point ici bas
de bonheur ,
Si la vertu ne regle & l'esprit & le
» cœur.
» La vertu fait trouver le seul point immuable :
» Elle rend le bonheur aussi parfait que
stable . . .
» Tel est le vrai bonheur: la divine fa-
gesse ,
» En a fait aux humains *une égale largesse.*

D. Mais l'experience apprend que
bien des hommes défirent le bonheur, **p. 149.**
& qu'ils n'en jouiſſent pas. Qui les con-
ſolera de cette privation ?

   R. L'eſpérance & l'orgueil.   **p. 99.**

» Par tout où du bonheur on regrette
   l'abſence ,

» Ne voit-on pas voler. la facile eſpérance ?

» Du SECOURABLE orgueil les ſoins com-
   patiſſans ,

» Manquent-ils de remplir le vuide du
   bon ſens ?

» La ſubite lueur de la raiſon ſevere ,

» Vient-elle diſſiper une aimable chi-
   mere ?

» Vient-elle nous priver d'un plaiſir
   impoſteur ,

» Un autre au même inſtant renait dans
   notre cœur.

» Eſt-il deſtin ſi triſte, état ſi miſérable ,

» Que le ſecours du tems ne rende ſup-
   portable ?

» Regardez des humains LE GRAND
   CONSOLATEUR ,

» L'ORGUEIL leur preſenter ſon ſecours
   enchanteur.

» Voyez la paſſion *convenable* à chaque
   âge ,

» Pour regner ſur nos cœurs nous *atten-*
   dre au paſſage.   D ij

» L'efpérance eft conftante à marcher
fur nos pas,

» Sans même nous quitter à l'heure du
trépas.

» N'offre-t'elle à nos yeux qu'une con-
fufe image.

» Du bonheur que le Ciel nous deftine
en partage ?

» Cet objet confolant nous occupe toujours,

» Et répand des douceurs fur nos plus
triftes jours.

» Notre ame en fes défirs inquiéte, éga-
rée,

» Par les liens du corps triftement ref-
ferrée,

» Dans un doux avenir fe repofe, s'é-
tend,

Et jouit en effet du bonheur qu'elle attend.

D: La penfée de la mort eft très-ca-
pable de troubler notre bonheur. Que
fait Dieu pour y remedier ?

p. 106.   *R.* » L'homme fait, il eft vrai, qu'il
eft fait pour mourir :

» Mais lorfqu'à fon efprit cet arrêt
vient s'offrir,

» D'un avenir heureux fon ame poffe-
dée,

» Joint un *espoir flatteur* à cette affreuse
   idée.
» Un nuage éternel lui dérobant le jour
» Où la mort doit venir l'enlever sans
   retour,
» Cet objet menaçant est d'autant moins
   terrible,
» Qu'eloigné de ses yeux, il est presque
   invisible.
» De concert avec nous, habile à se
   cacher,
» Il approche toujours sans paroître ap-
   procher.
» MIRACLE ! qui du ciel signale la puis-
   sance !
» *Sans cette illusion* le seul Etre qui pense,
» Sachant que tous ses pas le menent
   à la mort,
» *Pourroit-il* SANS HORREUR *envisager son*
   sort ?

   D. Que deviendra l'homme au sortir
de ce monde ?

   R. Mystere impénétrable, & dans lequel il est de l'intérêt de l'homme de ne
vouloir pas pénétrer.

» Au milieu des transports que ton or- P. 69.
   gueil t'inspire,
» Dans le sombre avenir tu voudrois
   pouvoir lire.

» De nuages épais pour toi toujours
    couvert,
» Le livre du deſtin pour Dieu ſeul eſt
    ouvert.
» Ce qu'il cache à la Brute, à l'Homme
    il le revéle ;
» Et ce qu'il cache à l'Homme, à l'Ange
    il le décéle.
» Quel Etre ici pourroit *ſans cette obſcu-*
    rité
» *Couler ſes* TRISTES *jours avec tranquillité ?*
» Cet innocent agneau que ta faim
    meurtriere
» Condamnera ce ſoir à perdre la lu-
    miere ;
» S'il avoit ta raiſon, s'il prévoyoit ſon
    ſort,
» Dans une paix tranquille attendroit-il
    la mort ?
» Juſqu'à l'inſtant fatal qui termine ſa
    vie,
» Il paît en bondiſſant l'herbe tendre &
    fleurie :
» Sans crainte, ſans ſoupçon, au milieu
    du danger,
» Il careſſe la main qui le doit égorger.
» HEUREUX AVEUGLEMENT, HEUREUSE
    INCERTITUDE,
» *Qui cache l'avenir* à notre inquiétude ;
» MYSTERE, QUE LE CIEL *renferme dans*
    ſon ſein,

» Pour conduire TOUT ETRE *à remplir*
   fon deftin.

D. Que doit faire l'homme pour n'être
point troublé fur fon fort à venir ?
   R. » Il doit joindre à l'efpoir une
   humble défiance ,
» Et craindre les *écarts où jette la fcience* :
» Attendre que *la mort*, ce maître uni-
   verfel ,
» DÉCOUVRE A SON ESPRIT LES LOIX
   DE L'ÉTERNEL.

D. Rendez-moi cela fenfible par quelque exemple.
   R. » Regarde L'INDIEN, dont l'efprit ꜰ. 7º.
   fans culture
» N'a point l'art d'altérer les dons de la
   nature.
» Il voit Dieu dans les airs , il l'entend
   dans les vents :
» Son fçavoir ne va point au-delà de fes
   fens.
» Il s'arrête avec eux aux feules appa-
   rences.
» Sa raifon n'étend point fes foibles connoiffances
» Au-delà du foleil & des corps radieux,
» Que fon œil apperçoit dans la voute
   des cieux.
» Cependant , fecouru par la fimple nature ,

» *Pour tromper fes ennuis*, il croît, *il fe fi-*
gure

» Un féjour plus heureux, conforme à
fes defirs,

» Où, fans aucun mêlange, il attend des
plaifirs.....

» Il ne défire point cette célefte flâme,

» Qui des purs Seraphins dévore &
nourrit l'ame.

» Mais, *content d'exifter*, il attend l'heureux jour,

» Où porté tout à coup dans *un autre*
féjour,

» Il ira, *jouiffant d'une plus douce vie*,

» Habiter des humains la commune patrie.

D. Ce que vous venez de dire ne me
raffure pas beaucoup. Car fi l'Indien que
vous me donnez pour modéle, fe flatte
mal-à-propos d'un bonheur à venir ; en
l'imitant je pourrai donc auffi me tromper dans mon efpérance ?

R. Non. Il n'y a rien à craindre.

p. 80. » SOIS SUR QUE DANS CE MONDE OU DANS
QUELQUE AUTRE SPHERE

» Dans les bras de ton Dieu tu trouveras
un pere,

» Et qu'en lui foumettant ton efprit &
ton cœur,

» Chaque

» Chaque pas que tu fais, te conduit
au bonheur.

» Dans le moment fatal qui finit ta car-
riere,

» Ainsi que dans l'instant où tu vois la
lumiere,

» Toujours cher à ses yeux, NE CRAINS
POINT POUR TON SORT.

» S'il préside à ta vie, il préside à ta
mort.

D. Dites-moi maintenant en quoi
consiste le bonheur de l'autre vie.

R. » La nature nous porte en ces ter-
restres lieux

» A rechercher les biens qui s'offrent à p. 150.
nos yeux,

» Tandis que de la foi les arrêts infail-
libles

» Nous montrent le bonheur dans des
biens invisibles.

» Les animaux guidés par l'attrait de
leurs sens,

» Bornent tous leurs desirs aux seuls besoins présens.

» Mais l'homme, que le Ciel doua d'in-
telligence,

» S'étend dans l'avenir, aidé par l'espérance.

» *La nature & la Foi par l'appas du bonheur,*

F.

» Tournent à la vertu les defirs de fon
  cœur ;
» Redreffent doucement fa pente tor-
  tueufe ;
» Brifent des paffions la fougue impé-
  tueufe ;
» Et le portant fans ceffe à tendre vers
  le bien ,
» Dans le bonheur d'autrui lui font trouver le fien. . . . .
p. 151 » Plus l'homme vertueux devient fenfible & tendre ,
» Plus il fent fon bonheur s'agrandir &
  s'étendre ;
» Et quand fon feu s'épure & devient
  charité ,
» Il met enfin le comble à la felicité.

D. Que réfulte-t'il de tout ce que vous
venez de dire ?

R. Que l'on a de grandes obligations
à M. Pope.

D. En quoi confiftent-elles ?

R. Lui-même les décrit ainfi : » Ces
» vers, dit-il , apprendront à nos der-
» niers neveux

p. 152. » Que j'ofai négliger les peintures bril-
  lantes
» Pour préfenter au cœur *les vérités tou-
  chantes ;*

» *Qu'éteignant de l'erreur* le vulgaire flambeau,

» Je fis fur les mortels BRILLER UN JOUR
NOUVEAU ;

» Que de l'orgueil humain confondant
l'impofture,

» J'APPRIS QUE TOUT EST BIEN DANS
TOUTE LA NATURE.

Voilà, Monfieur, le fyftême de Pope
développé. Je n'y ai mis du mien que
l'arrangement. C'eft lui qui me fournit
toutes les réponfes aux queftions que je
fais. Que ceux qui ont des yeux le
voient, & me difent fi Pope eft vraiment un *Philofophe Chrétien.* Quels dogmes, quelle Morale que celle que l'on
vient d'entendre ! Le feul expofé du fyftême fait horreur. Cependant & le Traducteur & les Commiffaires nommés par
l'Académie n'y ont rien vu de répréhen-
fible. L'Auteur du Journal des Sçavans
en 1736. n'en parloit pas d'une maniere
défavantageufe. Celui des Obfervations
fur les Ecrits modernes, n'y reprend
qu'une Métaphyfique trop abftraite. Les
Journaliftes de Trévoux font les premiers, qui, parmi beaucoup de louan-
ges données à l'Ouvrage, ont fait entendre qu'ils craignoient qu'il ne renfermât
des femences d'impiété. « Ce culte, di-

E ij

» ſent-ils, que M. Pope prêche avec
» tant de zéle, n'eſt-il point trop vague,
» trop général, trop arbitraire? La rai-
» ſon chez lui ſe conciliera-t'elle ſi aiſé-
» ment avec la révélation, telle que nous
» l'avons? Celle qu'il admet, à quoi ſe
» borne-t'elle après tout? à connoître
» l'Etre, à dépendre de lui, à l'aimer,
» à aimer les autres..... On veut, conti-
» nuent-ils, que nous liſions M. Pope,
» comme nous liſons Homere & Vir-
» gile. Mais la différence eſt grande.
» Ceux-ci n'étoient que Poëtes (*a*), ou
» du moins ils l'étoient principalement.
» L'inſtruction eſt le premier but de l'Au-
» teur Anglois. La Poëſie n'eſt qu'un
» acceſſoire, qu'il emprunte pour don-
» ner plus de corps & plus d'éclat à ſes
» penſées. Il eſt Philoſophe, mais il l'eſt
» ſous le regne de la révélation. Tels
» ſont, diſent-ils, les *doutes* que nous
» propoſons *modeſtement* ſur cet ouvrage;
» & nous le faiſons ſans amertume, &
» ſans rien diminuer de *notre eſtime pour*
» *ce qu'il contient.*

(*a*) Les Journaliſtes ne font pas attention,
que les Poëtes étoient les Théologiens du Paganiſme, & que les Payens liſoient dans leurs Poëtes l'Hiſtoire des Dieux avec des yeux bien différens des nôtres.

Dans un second jugement que le Journal des Sçavans a porté du même ouvrage en 1737. il reconnoît que la Morale de M. Pope n'est *ni si exacte ni si sévere* que le prétend M. du Resnel. Il ajoute que *le Traducteur a senti lui-même que la doctrine de son Auteur n'étoit pas toujours fort exacte, & qu'il l'a corrigée en plusieurs endroits avec beaucoup d'art & de sagesse.*

Les Journalistes de Trévoux sont revenus aussi à la charge contre le Poëme de M. Pope. Ils ont inféré dans leurs Mémoires de 1737. deux lettres très sensées, où le Poëme est attaqué à titre d'impiété. M. Racine dans son Poëme sur la Religion & dans sa réponse à M. Rousseau, s'est elevé contre M. Pope : mais il semble avoir voulu lui faire réparation, en faisant imprimer une lettre de M. de Rampsay, qui tâche d'expliquer d'une maniere orthodoxe le systême de son ami & son compatriote. M. de Crouzas, connu parmi les Sçavans, a écrit très-fortement contre le Poëme de l'Anglois ; & M. Silhouëte, Auteur de la traduction en prose, a tâché aussi de le défendre, en répondant à M. de Crousaz. Les efforts des uns pour justifier Pope ; l'hésitation des autres :

& fur-tout le jugement avantageux que l'Accadémie des Inscriptions & Belles Lettres a porté de fon Poëme, demandent que je ne m'en tienne pas au fimple expofé du Syftême, tel que je l'ai reprefenté. Il faut montrer que Pope dans fon *Effai fur l'homme*, a les mêmes principes & tient le même langage que les impies bien decidés. C'eft ce que je me propofe, Monfieur, de vous faire toucher au doit dans une feconde Lettre. Je fuis &c.

Le 6 Septembre 1745.

SECONDE LETTRE.

VOUS n'avez pas oublié, M. que le principe fondamental de Pope eft *que tout eft bien dans toute la nature*, & *que tout défordre apparent eft un ordre réel.* Ce principe eft tiré de Spinofa. » La » nature, dit Spinofa, n'eft pas renfer- » mée dans les bornes de la raifon hu- » maine, laquelle ne vife qu'à la con- » fervation & à l'utilité des hommes. » Mais ce mot de nature, dont l'homme » n'eft qu'un petit point, dit une infi- » nité d'autres chofes qui regardent un » ordre éternel, & cette loi inviolable

» qui donne l'être , la vie & le mou-
» vement à toutes choses. De là vient
» que ce qui nous semble *ridicule* ,
» *absurde ou mauvais , ne paroît tel* , que
» pour ne connoître les choses qu'en
» partie , & parce que nous ignorons
» pour la plûpart les liaisons de la natu-
» re , & que nous voudrions que tout
» suivît les regles de notre petite rai-
» son ; encore que ce que *la raison nous*
» *représente comme un mal , ne le soit point*
» *à l'egard de l'ordre & des loix de la nature*
» *universelle* , mais seulement au respect
» des loix de la nôtre. » Ainsi parle Spinosa , dont le raisonnement est repeté
dix fois dans le Poëme de Pope.

Mais Pope n'admet pour principe ;
que tout est bien dans toute la nature , que
pour en tirer cette conséquence , que
l'homme est tel qu'il doit être , & qu'un état
plus parfait ne lui conviendroit point. Spinosa reconnoît la même chose. » Il ne
» convient pas , dit-il, plus de perfec-
» tion à la nature humaine que ce qu'el-
» le en a présentement, & que ce que
» Dieu lui en donne en conséquence
» des loix immuables de la nature.

C'est aussi ce que prétend Voltaire
dans une de ses *Lettres Philosophiques.*
Occupé à combatre M. Pascal , qu'il ap-

Ethic p. 29. voy. le P. La-mi dans sa réfuta-tion de Spinosa. p. 517.

E iiij

pelle un *Myſantrope ſublime*, (a) il ne
peut lui pardonner d'avoir peint l'homme , tel que la Religion & une funeſte
expérience nous le montrent : » Pour-
» quoi dit-il , nous faire horreur de no-
» tre être ? Notre exiſtence n'eſt point
» auſſi malheureuſe qu'on nous le veut
» faire accroire. Regarder l'Univers
» comme un cachot , & tous les hom-
» mes comme des criminels qu'on va
» exécuter , eſt l'idée *d'un fanatique*. (Et
» ce fanatique eſt M. Paſcal) Croire que
» le monde eſt un lieu de delices , où
» l'on ne doit avoir que du plaiſir , eſt
» la rêverie d'un Sibarite. Penſer que la
» terre , les hommes & les animaux ,
» ſont CE QU'ILS DOIVENT ETRE dans
» l'ordre de la Providence , eſt , je
» crois , d'un homme ſage. Tous les
» hommes , pourſuit Voltaire , ſont
» faits comme les animaux & les plan-
» tes , pour croître , pour vivre un cer-
» tain tems , pour produire leur ſem-
» blable , & pour mourir. A ne raiſon-
» ner qu'en Philoſophe , j'oſe dire qu'il
» y a bien de l'orgueil & de la téméri-

(a) Ailleurs il l'appelle :
(Ce rêveur fanatique, ce fou ſombre & ſevére...
Des Stoïques nouveaux le ridicule maître.)
Cinquiéme Diſcours. *Sur la nature du plaiſir.*
pag. 79. & 83. Edit 1740.

» té à prétendre, que par notre nature
» nous devons être mieux que nous ne
» sommes.

M. Pascal, étonné des contradictions
qu'il voyoit dans l'homme, le regardoit
comme une énigme. Son Censeur ré-
pond : » L'homme n'est point une énig- p. 181.
» me , comme vous vous le figurez
» pour avoir le plaisir de la deviner.
» L'homme paroît être à sa place dans
» la nature ; supérieur aux animaux ,
» ausquels il est semblable par les orga-
» nes ; inférieur à d'autres êtres , aus-
» quels il ressemble *probablement* par la
» pensée. Il est comme tout ce que nous
» voyons , mêlé de mal & de bien, de
» plaisir & de peine. Il est pourvû de
» passions pour agir , & de raison pour
» gouverner ses actions. Si l'homme
» étoit parfait, il seroit Dieu ; & ses
» *prétendues* contrarietés sont les ingre-
» diens *nécessaires*, qui entrent dans le
» composé de l'homme , qui EST CE
» QU'IL DOIT ETRE. (*a*)

L'Impie dont j'ai le manuscrit entre

____

(*a*) Voyez aussi le sixiéme Discours de Vol-
taire *d' la nature de l'homme*, pag. 86. Il y fait
dire au Dieu des Chinois :
Rien n'est grand ni petit : TOUT EST CE QU'IL
   DOIT ETRE.
D'un parfait assemblage instrumens imparfaits ,
Dans votre rang placés , demeurez satisfaits.

les mains, vient ici à l'appui. Comme Pope & Voltaire, il dit : L'homme *eſt tel qu'il doit être par ſa nature.* » La nature » eſt l'ordre que Dieu a donné, qu'il a » établi, & qui ne peut jamais être » mauvais. Si l'on cherchoit à réformer » l'homme, il faudroit réformer la na- » ture ; & par là on tomberoit dans de » grands inconveniens : *ce que nous trou-* » *vons mal,* ajoute-t'il, *eſt bon* & très-ſa- » gement ordonné.

Vous voyez, M. que Pope, Voltaire & mon Anonyme s'accordent parfaitement. *Le Ciel a formé l'homme tel qu'il doit être,* dit Pope. *L'homme eſt ce qu'il doit être,* dit Voltaire. *L'homme eſt tel qu'il doit être par ſa nature,* dit l'Anonyme. Voilà trois voix à l'uniſſon ; mais l'uniſſon de Spinoſa, qui dit » Il ne con- » vient pas à la nature humaine, plus » de perfection que ce qu'elle en a pré- » ſentement, & que ce que Dieu lui en » donne en conſéquence des loix im- » muables de la nature.

Le principe, que *l'homme eſt tel qu'il a dû être par ſa nature,* anéantit le dogme du péché originel. C'eſt la créance de ce dogme qui nous donne le dénouement des contrariétés qui ſont dans l'homme, je veux dire de ce mêlange

de grandeur & de baſſeſſe que l'on voit
en lui, de ce penchant au mal avec lequel il naît, de cet aſſujettiſſement à
ſon propre corps dont il eſt dominé, &
de ce pouvoir que les êtres inférieurs à
l'homme, ont reçu de le tourmenter.
Mais les Libertins rejettent comme une
abſurdité, le dogme du péché originel.
Et néanmoins, embaraſſés des contrariétés qu'ils apperçoivent dans l'homme ; pour les expliquer, ils bâtiſſent
des ſyſtêmes, & ſe croyent aſſez habi-
les pour preſcrire à Dieu la route qu'il a
dû tenir. En créant l'homme, dit Pope,
Dieu ne s'eſt pas propoſé le bonheur de
l'homme en particulier : Dieu a eu en
vue également le bonheur de tous les
Etres. Vous voulez, dit-il, qu'on vous
rende raiſon des contrariétés qui ſont
dans l'homme ; pour cela il faudroit
connoître le rapport qu'a l'homme avec
ce nombre infini de mondes qui compoſent l'Univers. Si Dieu n'avoit fait
qu'un ſeul Etre, *l'homme*, il auroit pu le
faire ſans les défauts qui vous choquent.
Mais l'homme n'étant qu'une très-pe-
tite portion d'un tout auquel il eſt
ſubordonné, l'homme doit avoir des
défauts, pour que l'Univers n'en ait
point. L'homme doit ſortir des mains

de Dieu plein de diſcorde, pour que le tout ſoit concordant. Ainſi raiſonne Pope. C'eſt auſſi le raiſonnement de Voltaire, qui regarde ce *mélange de bien & de mal* avec lequel nous naiſſons, comme les *ingrédiens néceſſaires qui entrent dans le compoſé de l'homme.* Après quoi l'on ne ſera point ſurpris d'entendre dire à mon Anonyme, qu'Adam non-ſeulement n'a point péché, mais qu'il n'a pu pécher : » Il eſt de l'infinie » & immuable bonté de Dieu, dit cet » Ecrivain, de n'avoir pas mis l'hom- » me dans une ſituation où *il puiſſe l'of-* » *fenſer & ſe perdre.* Ainſi, *c'eſt une chi-* » *mere* de dire que *la nature eſt corrompue.* » Elle n'eſt pas aujourd'hui dans un état » différent de celui où elle étoit autre- » fois, parce que *les eſſences & les regles* » *déterminées au moment de la création* » *n'ont pu changer.* L'homme aime à ſen- » tir ou à être remué, parce que telle » eſt ſa nature, & non pas par un effet » du péché. Si Adam a pris plaiſir à » manger la pomme, c'eſt qu'il y étoit » porté par ſa nature.

Ce que dit ici l'Anonyme, Pope le fait entendre aſſez clairement, lorſqu'il ſoutient qu'en ſuivant ſes penchans, l'homme ne fait que ſuivre les loix de la nature , & que ſes paſſions ſont plus ou moins violentes , ſelon que les eſ-prits répandus dans le corps ſont plus ou moins nombreux. Voltaire tient le même langage : » Je conçois fort bien » ſans myſtére, dit-il, ce que c'eſt que » l'homme. Je vois qu'il vient au mon-» de comme les autres animaux .... » que les enfans qui ſont le mieux or-» ganiſés, ſont ceux qui ont les paſſions » les plus vives ..... que nos idées ſont » juſtes ou inconſéquentes, obſcures » ou lumineuſes, ſelon que nos orga-» nes ſont plus ou moins ſolides, plus » ou moins déliés, & ſelon que nous » ſommes plus ou moins paſſionnés; » que nous dépendons en tout de l'air » qui nous environne, des alimens que » nous prenons; & que dans tout cela » il n'y a rien de contradictoire : » Ce n'eſt pas ici le lieu de réfuter ces impié-tés. Il me ſuffit préſentement de faire connoître la conformité du ſyſtême de Pope avec celui des ennemis déclarés de Jeſus-Chriſt. Selon ce qu'ils diſent, il ne faut point recourir au péché ori-ginel pour expliquer les contrariétés qui ſont dans l'homme. Il ne faut que ſavoir un peu les loix de la méchanique. Un jeu de machine fait tout le dénoue-

Lettre 25. p. 279.

ment de ce que la Religion ne nous montre que comme un myſtere, qu'elle ſeule peut dévoiler.

Ibid.
p. 276.

Voltaire prétend que » la fable de » Promethée & de Pandore ; que les » Androgines de Platon, & les dogmes » des Siamois rendroient raiſon, auſſi- » bien (que la Religion chrétienne) » des contrariétés apparentes (qui ſont » dans l'homme.)

Ch. 11.

C'eſt auſſi ce que penſe mon anony- me. Après avoir dit » que Dieu eſt » trop juſte pour punir les enfans des » péchés de leurs peres, & traité d'i- » magination la creance, que le froid, » le chaud, la mort, ſont des maux que » les hommes ne reſſentent que relati- » vement à la faute du premier Pere, » il ajoute. » Les uns ont dit que le pre- » mier Pere, qu'ils appellent Adam, » avoit mangé une pomme contre l'or- » dre de Dieu : Les autres, qu'il s'ap- » pelloit Promethée, & qu'ayant volé » le feu du Ciel, les Dieux avoient en- » voyé Pandore avec une boëte rem- » plie de maux, qui attaquerent tout » le genre humain. Le premier ſenti- » ment, dit l'Anonyme, vient des Juifs : » Le ſecond, des Payens ; & en cela » ils ſont les uns & les autres tombés

(63)

» dans l'erreur. » Ces paroles n'ont pas
befoin de Commentaire. Mon anonyme a le talent de s'expliquer clairement.

Un autre principe dont Pope fait
grand ufage, c'eft que Dieu a donné à
l'homme l'amour propre pour être le
lien de la fociété. *L'amour propre, dit-
il, eft l'éternel lien des hommes.* Voltaire
adopte ce fecond principe, & en prend
la défenfe contre M. Pafcal. M. Pafcal
avoit dit : *Nous naiffons injuftes , car chacun tend à foi : cela eft contre tout ordre.*
» Cela eft felon tout ordre , reprend
» Voltaire. Il eft auffi impoffible qu'une P. 297.
» fociété puiffe fe former & fubfifter
» *fans amour propre,* qu'il feroit impoffi-
» ble de faire des enfans *fans concupif-*
» *cence,* de fonger à fe nourrir fans ap-
» pétit. C'eft l'amour de nous-mêmes
» qui affifte l'amour des autres : C'eft
» par nos befoins mutuels que nous
» fommes utiles au genre humain.
» C'eft le fondement de tout commer-
» ce : *C'eft* L'ÉTERNEL LIEN DES HOM-
» MES : fans lui il n'y *auroit pas eu un art*
» *inventé,ni une fociété de dix perfonnes for-*
» *mée.* C'eft cet amour propre que *cha-*
» *que animal a reçu de la nature,* qui nous
» avertit de refpecter celui des autres.

Ailleurs il dit :

V. Difc. fur la nat. du plai- fir, p. 81.

O moitié de notre être, amour propre enchanteur,

Sans nous tyranniſer regne dans notre cœur.

Voltaire tient le même langage dans ſa *Réponſe à une Dame*, à qui il rend compte de ſes actions. Il dit :

Rep. à une Da- me, p. 208.

J'examine avec ſoin les informes Ecrits,

Les monumens épars, & le ſtyle énergi- que

De ce fameux Paſcal, ce dévot ſatyri- que.

Je vois ce rare eſprit, trop prompt à s'enflammer,

Je combats ſes rigueurs extrêmes.

Il enſeigne aux humains à ſe haïr eux- mêmes,

Je voudrois malgré lui leur apprendre à s'aimer.

C'eſt donc le mauvais amour de ſoi-même, l'amour de cupidité, que Voltaire prend ſous ſa protection. C'eſt-là ce qu'il appelle *l'éternel lien des hommes.*

Mon Anonyme n'a garde de nier un principe qui le met ſi à l'aiſe. Mais il faut l'entendre tirer les conſéquences qui en réſultent. Si, ſelon Pope & Voltaire, l'amour propre, qui n'eſt autre que la cupidité, eſt le fondement de la ſociété,

société, la Religion Chrétienne étant
l'ennemie de la cupidité, elle doit être
l'ennemie de la société. Cette conséquence n'effraye point l'Anonyme.
» Dépouillons-nous de nos préjugés, ch. 13.
» dit cet impie ; nous verrons que la
» Religion Chrétienne est nuisible à la
» société civile. Elle nous ordonne le
» mépris des richesses : ce mépris dé-
» truit entiérement le commerce, qui
» est l'ame de la société. L'Ecriture
» nous dit qu'il suffit de vouloir devenir
» riche pour tomber dans les filets du
» démon ..... C'est cependant ce desir
» qui lie les Nations & les Particuliers
» par un ordre admirable de la Provi-
» dence. Si on retranche ce desir par-
» mi les hommes, dans quel état d'af-
» soupissement fait-on tomber l'Uni-
» vers ?..... Tout ce qui flatte nos
» sens, continue l'Anonyme, tout ce
» qui sert à les satisfaire, est expressé-
» ment défendu par l'Ecriture. On ne
» veut pas que nous suivions en rien
» notre volonté, parce qu'on la regarde
» comme la source de tous les maux.
» Les grandeurs sont traitées de vérita-
» bles bassesses ; les biens, les dignités,
» la pompe, tout ce qui est dans le
» monde est appellé *concupiscentia oculo-*

» *rum , concupifcentia carnis , fuperbia*
» *vitæ.* Cependant qu'y a-t'il dans la fo-
» ciété civile qui ne foit compris dans
» ces trois chofes ? Ainfi, felon mon
Anonyme , la Religion Chrétienne
mérite d'être bannie du monde , parce qu'elle combat la triple concupifcence, qui fait les délices des amateurs
du monde.

Autre conféquence. Si l'amour propre, qui n'eft autre que la cupidité , eft
un don de Dieu, il faudra dire qu'en
fuivant la cupidité , on ne fera que fuivre un penchant que Dieu nous a donné.
Eh ! n'eft-ce pas à quoi Pope veut nous
conduire, lorfqu'il nous invite à céder
& à nous conformer aux loix de la nature , en nous affurant que le but de la
raifon n'eft pas de nous guider. Voltaire
p. 298. dit dans le même fens : » N'accufons
» point l'inftinct que Dieu nous donne ,
» & faifons en l'ufage qu'il commande.
ch. 13. » Que dira-t'on de l'Auteur de la nature,
» s'écrie mon Anonyme , de nous avoir
» donné lui-même un penchant qu'il
» devoit un jour condamner & punir ?
» Dire que Dieu nous donne un tel
» penchant , & qu'enfuite il nous em-
» pêche de le fuivre , n'eft-ce pas le fai-
» re agir d'une maniere injufte ?

Doctrine puifée dans Spinofa, qui regarde *la convoitife* comme une loi de la nature, un droit naturel qui ne peut rendre coupable celui qui y obéit. » Par » le droit naturel, dit Spinofa, je n'en- » tens autre chofe que les régles de la » nature de chaque individu, fuivant » lefquelles nous concevons que cha- » cun d'eux eft déterminé à être & à » agir d'une certaine maniere. Comme, » par exemple, les poiffons étant dé- » terminés par la nature à nager, les » grands à manger les petits, il s'enfuit » que les poiffons jouiffent de l'eau de » droit naturel & abfolu, & que les » grands par ce même droit peuvent » manger les petits.

Tr. Th.
Pol. cap.
16.

Un peu après il ajoute » que chaque » chofe a droit d'agir felon les loix de » fa conftitution ; c'eft - à - dire felon » qu'elle eft déterminée par la nature à » telle ou telle chofe, fans qu'elle puiffe » faire autrement. D'où il conclut que » *fous la nature les hommes ne fauroient pe-* » *cher*. Et tout de fuite il dit : » Ce n'eft » donc point à la raifon à régler le droit » naturel ; mais à *la convoitife* & aux for- » ces de chacun en particulier : car tant » s'en faut que la nature nous ait déter- » minés à vivre felon les loix & les ré-

» gles de la raifon, qu'au contraire
» nous naiffons tous dans une profonde
» ignorance ; & nonobftant la bonne
» éducation, notre vie eft fort avancée,
» avant que nous puiffions connoitre ni
» raifon, ni vertu. Cependant, pour-
» fuit Spinofa , comme nous vivons
» avec obligation de conferver notre
» être naturel, ce ne peut être *que par*
» *les loix de l'appétit*, puifque la nature
» nous refufe l'ufage actuel de la raifon,
» & que chacun de nous n'eft pas plus
» obligé de vivre fuivant les régles du
» bon fens, qu'un chat felon les loix de
» la nature du lion. D'où il s'enfuit, que
» dans l'état purement naturel, nous
» avons droit légitime fur toutes chofes
» fans diftinction,& pouvons en ufer fans
» crime , fi nous les pouvons obtenir ,
» foit par force, par rufes ou par prie-
» res, jufqu'à tenir pour ennemi qui-
» conque nous empêche de contenter
» notre appétit. Donc le droit naturel ,
» fous lequel tous les hommes naiffent
» *& vivent pour la plûpart*, ne leur dé-
» fend que ce qu'aucun d'eux ne con-
» voite, & qui n'eft point en leur pou-
» voir : *il n'interdit ni la difcorde, ni la hai-*
» *ne, ni la colere, ni la fraude, ni* RIEN
» ENFIN DE TOUT CE QUE VEUT L'AP
» PETIT.

Il ne faut pas beaucoup de pénétration pour appercevoir que de pareilles
maximes coupent la gorge au genre humain. Qui peut se promettre que sa vie
soit en sûreté, si celui qui y attentera,
est assuré qu'en le faisant, il ne viole
point le droit naturel ? Pour donner
quelques bornes aux conséquences de
maximes si exécrables, Spinosa conseil-
le aux hommes de faire par amour propre ce à quoi ils ne sont pas obligés par
ce qu'il appelle le droit naturel. Il veut
donc que les hommes se dépouillent de
ce droit. » Nonobstant, dit-il, ces   Ibid.
» grands avantages & cette vaste liberté
» que donne la nature, le plus sûr est
» de ne suivre que la raison, & de vivre
» suivant les loix qui ne regardent que
» ce qui nous est véritablement utile.
» D'ailleurs, il n'est personne qui ne
» souhaite de mener une vie paisible &
» tranquille autant qu'il est possible :
» chose néanmoins inconcevable, tant
» que le désordre regne, & que la hai-
» ne & la colere sont plus en vogue que
» la raison ; nul ne pouvant vivre en re-
» pos & sans inquiétude parmi la vio-
» lence & les fourbes, que chacun tâ-
» che d'éviter par toute sorte de moyens.
» Ajoutez à cela que n'y ayant rien de

» plus triste que notre vie destituée d'un
» secours mutuel, il falloit de nécessité,
» pour nous mettre à couvert de tant
» d'insultes à quoi nous sommes trop
» sujets, que nous conspirassions unani-
» mement à nous défaire de notre droit
» naturel pour le posseder en commun,
» & à renoncer à notre appétit pour le
» soumettre à la puissance & aux Edits
» de toute une communauté. Ce que
» l'on eût néanmoins tenté vainement,
» si chacun eût voulu demeurer ferme
» dans la résolution de tout sacrifier à
» la convoitise : tant il est véritable que
» les appétits sont divers ; & c'est pour-
» quoi il falloit demeurer d'accord de
» n'écouter que la raison, (à quoi per-
» sonne n'ose contredire ouvertement,
» de peur de se décrediter) & consentir
» en même-tems à tenir l'appétit en
» bride, & à le gourmander en tant qu'il
» veut nuire au prochain : il falloit se ré-
» soudre à ne traiter les autres que com-
» me on veut être traité ; & enfin à dé-
» fendre l'intérêt & le bien d'autrui aussi
» ardemment que le sien propre.

Le tempérament qu'apporte Spinosa
aux maximes pernicieuses qu'il établit,
Pope l'admet de même. Il convient
que les hommes ont été obligés de faire

par amour propre ce à quoi ils n'étoient
pas obligés par les loix de la nature.
Voici ses propres paroles :

» L'amour propre effrené voulut tout
  envahir ;Epit. 3,
p. 119.

» Du juste & de l'injuste habile à se
servir,

» Il soumit ses égaux à des loix arbi-
traires ,

» Fit valoir pour lui seul des droits ima-
ginaires ,

» S'empara des honneurs, des biens &
des plaisirs.

» Mais ce même amour propre est la
premiere cause

» Des digues qu'à son cours la Politique oppose.

» Si l'objet que je cherche avec empres-
sement ,

» Les autres comme moi l'aiment uniquement ;

» D'un bien dont cent rivaux veulent la
jouiffance ,

» Je voudrois vainement flatter mon
espérance :

» Des prieres , des pleurs, un impuiffant
courroux ,

» Pourront ils me sauver de leurs efforts
jaloux ?

» Au défaut de la force une coupable
adreffe ,

» Pour enlever mes biens emploira la
fineſſe.
» Ainſi la raiſon veut que pour ma ſure-
té ,
» Je ſouffre que la loi gêne ma liberté.
» L'intérêt eſt égal ; alors chacun conſ-
pire.
» A garder de concert ce que chacun
déſire ;
» Pour leur propre avantage à la vertu
forcés ,
» Les Rois même , les Rois furent inté-
reſſés ,
» A regner par douceur , & non par
violence ,
» A regler les déſirs de l'avide puiſſan-
ce ;
» Et l'amour propre fit un habile trafic ,
» Du bien particulier contre le bien pu-
blic.

Tel eſt l'emplâtre que Pope, à l'i-
mitation de Spinoſa , cherche à appli-
quer au mal que doit cauſer dans le
monde ce principe meurtrier ; qu'en
ſuivant la cupidité , on ne fait que ſuivre la loi de la nature.

Une autre maxime de Pope, dont
bien des Lecteurs n'auront pas apperçu
le venin, c'eſt que *la crainte eſt le principe
de la ſuperſtition.* Spinoſa dit la même
choſe

chofe. » Il n'y a point, dit-il, d'autre
» caufe de la fuperftition que la crainte;
» & il fe voit par expérience qu'il n'y
» a qu'elle feule qui l'engendre & qui
» l'entretienne. » Pour comprendre ce
que veulent dire ici nos Impies, il faut
favoir que dans leur fyftême, qu'ils appellent *la Religion naturelle*, l'homme
n'eft point obligé par le droit divin de
rendre à Dieu un culte extérieur. Tout
confifte à aimer le premier Etre d'un
amour qui n'a rien d'incompatible avec
la cupidité. Les facrifices & les cérémonies extérieures font, à ce qu'ils prétendent, de l'invention des hommes. C'eft
ce que Pope a voulu marquer quand il
décrit la maniere dont les Patriarches
honoroient Dieu. Si on l'en croit, ces
hommes du premier âge n'avoient d'autre temple que les forêts, où ils s'affem-
bloient avec les bêtes pour bénir Dieu.

» Alors, dit Pope, le Sanctuaire n'étoit
» ni revêtu d'or, ni *fouillé de fang*. Le
» Prêtre étoit fans blâme, pur, exemt
» de *carnage* & de venalité ..... Toute
» la foi, tout le devoir confiftoit dans
» l'amour. La nature n'admettoit dans
» l'homme *aucun droit divin*.

Quelque intelligible que foit le langage de Pope, mon Anonyme y don-

G

nera encore un nouveau jour. » AVANT,
Ch. 1. » dit-il, QUE LE NOM DE RELIGION FUT
» CONNU DANS LE MONDE, on ne fui-
» voit *que les loix naturelles*, c'eſt-à-dire,
» on ſe conformoit à la droite raiſon.
» *Le ſeul inſtinct* étoit *le lien* auquel les
» hommes étoient attachés ; & ce lien,
» quoique ſimple, les uniſſoit de façon
» que les diviſions étoient rares. Mais
» LA CRAINTE étant venue s'emparer
» des eſprits, a fait ſoupçonner qu'il y
» avoit des Dieux & des Etres inviſi-
» bles. Auſſi-tôt on leur a élevé des
» Autels ; & violant les loix de la nature
» & de la raiſon, qui eſt la ſource de la
» vraie vie, on s'eſt livré par de *vaines*
» *cérémonies* & *par un culte ſuperſtitieux*
» aux phantômes de l'imagination. *Fauſ-*
» *ſement* perſuadé que la nature étoit
» un Etre ſubordonné à ces Puiſſances
» inviſibles, on ſe l'eſt figurée, comme
» une maſſe ou comme une eſclave qui
» n'agiſſoit *que ſuivant l'ordre qu'elle re-*
» *cevoit* ; & depuis on a conçu du mé-
» pris pour elle. L'ignorance & *la ſuper-*
» *ſtition*, continue l'Anonyme, ſe ſont
» enſuite accrus par dégrés, & le pro-
» grès en eſt *ſi genéral*, qu'il n'y a *main-*
» *tenant que les vrais Savans déſintéreſſés*
» qui puiſſent tirer de cet abyme de té-

» nébres. Mais leur zéle se trouve tra-
» versé par ceux *qui conduisent* ces aveu-
» gles, & qui *s'enrichissent* (a) *à la faveur*
» DE CES IMPOSTURES. Cependant, pour-
» suit l'Anonyme, il ne faut pas perdre
» courage : il est toujours glorieux de
» dire les choses telles qu'elles sont,
» ou du moins comme on les pense,
» quand ce ne seroit qu'en considéra-
» tion de ceux qui ne se font pas en-
» core laissés prévenir par les faux pré-
» jugés.

Spinosa, dès la Préface de son Livre,
se plaint aussi des hommes, » qui n'é-
» tant pas capables de prendre une
» BONNE RÉSOLUTION, se laissent si ai-
» sément dominer *par la crainte.* Tout
» ce qu'ils voyent avec admiration, dit-
» il, est un prodige, à leur avis, qui
» marque le courroux du Ciel ; & si on
» ne l'appaise *par des vœux & des sacrifi-*
» *ces,* c'est un scandale pour ces *supersti-*
» *tieux,* qui par un esprit opposé à la
» *véritable Religion,* feignent cent cho-
» ses qu'ils prennent pour des vérités. »
Dans le corps de son Livre, cet impie
employe un chapitre tout entier à exa-

(a) Remarquez ce mot, qui revient à ce que
dit Pope, que sous *la Religion naturelle,* le Prêtre étoit *exemt de venalité.*

miner pourquoi les cérémonies ont été
inftituées , & prétend montrer que
tout le culte extérieur de l'ancienne Loi
ne regardoit que la profpérité tempo-
relle des Juifs. » Toute la loi de Moyfe,
» dit-il, ne concernoit que l'Empire
» des Hébreux , & par conféquent rien
» autre chofe que des biens temporels
» & les commodités de la vie. Et quant
» à celles du Nouveau , le Baptême , la
» Cêne , les Fêtes , les Prêtres , & toutes
» les autres qui font en ufage parmi les
» Chrétiens , & qui l'ont toujours été ,
» s'il eft vrai, qu'elles ayent été infti-
» tuées par Jefus-Chrift ou par les Apô-
» tres, (ce qui ne m'eft pas encore évi-
» dent, dit Spinofa) elles n'ont eté éta-
» blies que comme des fignes vifibles
» de l'Eglife univerfelle , & non pas
» comme chofes *qui importent à la béati-
» tude, ni qui contiennent rien de faint* :
» D'où vient qu'encore qu'elles n'ayent
» pas été fondées en vue d'aucun Etat,
» elles ne laiffent pas de l'être en con-
» fidération de tout le Corps du Chrif-
» tianifme ; de forte que *celui qui mene
» une vie folitaire , n'y eft nullement obligé,*
» & que l'on doit même s'en abftenir
» abfolument dans les Pays *où l'exercice
» de la Religion chrétienne eft interdit,* fans

Ch. 5.

» en vivre moins faintement ni être
» moins heureux. Nous avons de cela
» un exemple au Japon où le Chriftia-
» nifme étant défendu, les Hollandois
» qui y habitent, n'en font nulle profef-
» fion ouverte par l'ordre de la Com-
» pagnie des Indes Orientales.

Mon Anonyme employe auffi un chapitre de fon Écrit à montrer à fa façon,
que *Dieu n'a point révélé aux hommes un*
culte dont il ait voulu être honoré. » Si
» Dieu, dit-il, avoit exigé de nous un
» culte particulier dont il eût voulu être
» honoré, il l'auroit révélé dès le com-
» mencement. » L'Anonyme prétend
que Dieu ne l'a pas fait ; & il ajoute :
» Quand je cherche à détruire la
» Religion, je tâche d'abolir un culte
» que Dieu n'exige pas de nous. Je ne
» trouve pas mauvais que la Religion
» fubfifte ; mais il faut que ce foit *feule-*
» *ment* par rapport à Dieu. » (c'eft-à-
dire, que l'on ne doit faire les exercices de Religion que par politique, &
uniquement pour fe conformer aux
Loix de l'Etat dans lequel on fe trouve.
En France l'on fera les exercices de la
Religion Catholique : en Angleterre
ceux de la Religion Proteftante : en
Turquie ceux de la Religion de Maho-

met ; & à la Chine ceux du Paganifme.
Toutes ces chofes font indifférentes ,
pourvu qu'on réferve pour Dieu l'a-
mour ordonné par la *Religion naturelle.*)

L'Auteur bien connu de l'Epitre à
Uranie doit ici trouver fa place. En matiere d'impiété le céde-t'il à quelqu'un ?
L'Epitre à Uranie n'a été compofée
que pour porter Uranie à fecouer le
joug de la Religion Chrétienne , & lui
procurer le bonheur de vivre fans joug
fous la *Religion naturelle.*

Après avoir dit à Dieu :

» Je ne fuis pas Chrétien : mais C'EST
    POUR T'AIMER MIEUX,

    L'Auteur dit à Uranie :

» Crois que devant fon Thrône , en
    tout tems , en tous lieux,

      » Le cœur du Jufte eft précieux .....

» Hé qu'importe en effet fous quel titre
    on l'implore ?

» Tout hommage eft reçu , mais aucun
    ne l'honore.

» UN DIEU N'A PAS BESOIN DE NOS
    VOEUX ASSIDUS.

» Si l'on peut l'offenfer, c'eft par des
    injuftices.

      » Il nous juge fur nos vertus ,

      » Et non pas fur nos facrifices.

On comprend maintenant ce qu'a

voulu dire Pope, quand il nous a fait envisager la crainte comme le principe de la superstition, tandis que dans les premiers tems, selon lui, *toute la foi, tout le devoir consistoit dans l'amour ; la nature n'admettant aucun droit divin.*

Si les impies s'efforcent de bannir du cœur de l'homme la crainte, ils veulent bien néanmoins le laisser vivre d'espérance, non qu'ils ayent un objet fixe à lui proposer, mais parce que l'espérance endort l'homme & le trompe agréablement. » Pour tromper ses en-
» nuis, dit Pope en parlant de l'Indien,
» il croit, il se figure,
» Un séjour plus heureux, conforme à ses désirs,
» Où sans aucun mêlange il attend des plaisirs.

Voltaire plein du même esprit, veut que nous regardions comme un grand don, cet espoir flateur qui aide à nous tromper par rapport à l'avenir. » Bien
» loin de se plaindre, dit-il, il faut re- Let. 25.
» mercier l'Auteur de la nature de ce n. 22.
» qu'il nous donne cet instinct qui nous
» emporte sans cesse vers l'avenir. Le
» trésor le plus précieux de l'homme
» est cette *espérance* qui nous adoucit
» nos chagrins, & qui nous peint des

» plaisirs futurs dans la possession des
» plaisirs présens.

Nos faiseurs de système ne savent point ce que devient l'homme après sa mort; mais ils croyent savoir qu'il n'a rien à craindre, & qu'il a tout à espérer. » Connois ton être, ton point, » dit Pope s'adressant à l'homme. Le » Ciel t'a donné un juste, un heureux » dégré d'aveuglement & de foiblesse. » Soumets-toi, sûr d'être aussi heureux » que tu peux l'être *dans cette sphere* ou *» dans quelque autre sphere que ce soit*; & » sûr, soit dans l'heure de ta naissance, » soit dans celle de ta mort, de trou- » ver ton *salut* entre les mains de qui » dispose de tout. » En quoi consiste ce salut; c'est ce que Pope ne dit point.

Mon Anonyme, plus sincere ou plus conséquent, convient que l'homme n'a rien à craindre; mais en même tems il soutient qu'il n'a rien à espérer. Si vous lui demandez ce que nous devenons après la mort : » En mourant, dit-il, » nous contribuons à l'ordre de l'Uni- » vers ; & Dieu, qui est infini, fait ce » que nous devenons.

Il y a bien de l'apparence que le bonheur que Pope nous fait espérer, consiste en ce que dit l'Anonyme, à contri-

(81)

buer à l'ordre de l'Univers, & que c'eſt ce que Pope a voulu marquer par cette place que nous devons occuper dans notre ſphére ou dans une autre, ſelon qu'il plaira *au grand Ordonnateur de tout.*

Pour Voltaire, ſes ſentimens ſur l'a-me, qu'il a tant de penchant à croire une *matiere penſante*, doivent le porter à ſoutenir comme l'Anonyme, qu'il n'y a rien à eſpérer après la mort. On lui attribue un Ecrit contre la Religion, dont la premiere partie a pour titre : *Opinion des Anciens ſur la nature de l'ame.* Cette premiere partie, dans laquelle on retrouve les mêmes penſées que dans la vingt-ſixiéme Lettre Philoſophique *ſur l'ame*, a pour but de montrer que l'ame meurt avec le corps. On lit à la fin les vers qui ſuivent :

» Aimable & chere Iris, à qui je rens
   hommage,
     » De ce petit Ouvrage,
» Quand la Parque inflexible aura tran-
   ché tes jours,
     » Si l'Amant qui t'adore,
     » Doit ſurvivre à leur cours;
» Tu pourras dans ſon cœur quelque
   tems vivre encore ;
» Mais ne te promets point, en liſant ce
   Traité,
     » D'autre immortalité.

26. Let. Phil.

Je n'ai lu que manuscrit le Traité pour lequel ces vers ont été faits, & j'ignore s'il est imprimé : mais les vers imprimés adressés aux Manes de M. de Genonville & de Mlle le Couvreur, supposent un homme qui n'attend rien après la mort. Voltaire dit au premier :

Si tout n'est pas détruit, si sur les sombres bords,

Ce souffle si caché, cette foible étincelle,

Cet esprit, le moteur & l'esclave du corps,

Ce je ne sai quel sens qu'on nomme ame immortelle

Reste inconnu de nous, est vivant chez les morts ;

S'il est vrai que tu sois, & si tu peux m'entendre,

O ! mon cher Genonville, avec plaisir reçoi,

Ces vers & ces soupirs que je donne à ta cendre,

Monument d'un amour immortel comme toi.

Les vers sur la mort de Mlle le Couvreur ne sont pas moins énergiques. Voltaire, affligé de ce qu'on avoit refusé la sépulture Ecclésiastique à cette Comédienne, enterrée sur le bord de la Seine, lui dit :

Non, ces bords deformais ne feront
  plus profanes :
Ils contiennent ta cendre ; & ce trifte
  tombeau,
Honoré par nos chants, confacré par
  tes manes,
  Eft pour nous un temple nouveau.
Voila mon saint Denis : Oui, c'eft-là
  que j'adore
Ton efprit, tes talens, tes graces, tes
  appas ;
Je les aimai vivans, je les encenfe en-
  core
      Malgré les horreurs du trépas,
      Malgré l'erreur & les ingrats,
Que feuls de ce tombeau l'opprobre
  déshonore.
Ah ! verrai-je toujours ma foible Na-
  tion,
Incertaine en fes vœux, flétrir ce qu'elle
  admire,
Nos mœurs avec nos loix toujours fe
  contredire ;
Et le François volage endormi fous
  l'empire
      De la fuperftition.
      Quoi ! n'eft-ce donc qu'en Angle-
      terre
      Que les Mortels osent penser !
Faire fon faint Denis du tombeau

d'une Comédienne , c'est dire à qui veut l'entendre: Je ne crains rien ni n'espére rien pour l'autre vie. Qu'on ne soit plus surpris après cela , que nos Libertins abaissent l'homme , & rélevent les bêtes comme ils font. Pope rend les bêtes heureuses , & leur fait trouver dans l'instinct , des avantages que n'a pas l'homme en suivant la raison ; & Voltaire prétend appercevoir entre un jeune enfant & un jeune chien plus de rapports CENT FOIS , qu'entre tel homme d'esprit, & tel homme absolument imbécille. Il croit même être en droit de soupçonner, ET AVEC BIEN DE L'AP-

16. Let. Phil. PARENCE, dit-il, » qu'Archiméde & une » taupe font de la même espéce, quoi- » que d'un genre différent; de même » qu'un chêne & un grain de moutarde » sont formés par les mêmes principes, » quoique l'un soit un grand arbre, & » l'autre soit une petite plante.

Quand on éléve les bêtes, comme Pope & Voltaire le font, il n'est point étonnant d'entendre Pope blâmer l'homme de ce qu'il regarde les astres, les animaux & les plantes, comme faits pour lui. Il combat dans tout son Poëme cette pensée comme pleine d'orgueil. C'est ce qui lui fait dire que les bêtes auroient

autant de fujet de foutenir que l'homme eft fait pour elles. » Lorfque l'hom-
» me crie, dit Pope: voyez; tout eft
» pour mon fervice. Voyez l'homme
» qui eft pour le mien, replique l'Oifon
» qu'on engraiffe. Quel foin pour le gar-
» der, le loger, le nourrir, & le bien
» traiter ! C'eft tout ce que l'Oifon con-
» noît; il ne fait pas que c'eft pour être
» mangé. Auffi loin qu'Oifon peut por-
» ter fes connoiffances, l'Oifon raifon-
» ne bien : il fe trompe fur les deffeins
» de l'homme, qui font au-deffus de fa
» portée. Il en eft de même de l'hom-
» me, plus Oifon que l'Oifon, lorf-
« qu'il prétend que *tout foit fait pour un,*
» *& non pas un pour le tout.*

Ce trait eft pris de Montaigne qui,
pour humilier l'homme, s'efforce de
montrer que les bêtes font raifonnables. » Pourquoi, dit Montaigne, ne
» dira un Oifon ainfi ? Toutes les piéces
» de l'Univers me regardent: la terre
» me fert à marcher, le foleil à m'é-
» clairer, les étoiles à m'infpirer leur
» influence: j'ai telle commodité des
» vents, telle des eaux : il n'eft
» rien que cette voute regarde fi fa-
» vorablement que moi. Je fuis le
» mignon de la nature. Eft - ce pas

» l'homme qui me traite, qui me lo-
» ge, qui me fert ? C'eft pour moi
» qu'il fait & femer & moudre. S'il me
» mange, auffi fait-il bien l'homme fon
» compagnon ; & fi fais-je moi les vers
» qui le tuent & qui le mangent. Au-
» tant en diroit la Grue, & plus ma-
» gnifiquement encore pour la liberté
» de fon vol. » Montaigne conclut de
là, que nous ne fommes pas plus raifonnables que les Oifons & les Grues,
lorfque nous difons : » Pour nous font
» les deftinées, pour nous le monde :
» il luit, il tonne pour nous ; & le Créa-
» teur (a) & les Créatures, tout eft
» pour nous. C'eft le but & le point où
» vife l'univerfité des chofes.

Mon Anonyme fe plaint auffi de tous
les hommes, » pour s'être entêtés,
» dit-il, de la ridicule opinion, que
» tout ce qu'ils voyent, eft fait pour
» eux ; « il les blâme également d'ofer
dire qu'ils font faits pour Dieu. » Quel-
» le vanité dans les hommes (ce font
» fes paroles) de croire que nous fom-
» mes faits pour Dieu ! Si cela étoit,
» l'homme feroit plus riche que Dieu ;

ch. 12.
p. 146.

____

(a) Nous ne difons point ; Dieu eft pour nous;
mais nous difons : Dieu nous a faits pour lui.

» puiſqu'il ſeroit pour lui. « Ainſi raiſonne mon Anonyme. (a)

Vous croiriez après cela qu'il diſ-
penſe les hommes d'aimer Dieu ? Non.
Quoiqu'il prétende que l'homme n'eſt
pas fait pour Dieu, il veut néanmoins
que l'homme aime Dieu & le prochain. » Il y a, dit-il, des actions éter-
» nellement bonnes, & qu'un honnête
» homme doit pratiquer, comme de
» connoître Dieu, & de ne faire aux
» autres que ce que nous voudrions qui
» nous fût fait. Tout ce qui eſt contraire
» à ces actions, eſt eſſentiellement
» mauvais. Nous connoîtrons certaine-
» ment que nous aimons Dieu, ſi nous
» ſentons une ferme réſolution de lui
» plaire. L'eſtime intérieure que nous
» devons avoir de Dieu, doit conſiſter
» dans une *connoiſſance* raiſonnable de
» ſon Etre & de ſes attributs. Notre reſ-
» pect extérieur doit paroître en ce que
» nous ne faiſions rien qui ne *ſemble* con-
» venir à ſon eſſence & à notre dépen-
» dance de lui. Dieu, étant le Maître &
» le Créateur de toutes choſes, pour-

ch. 14.
p. 164.

(a) Spinoſa ne veut pas non plus que l'on di-
ſe que Dieu a tout fait pour l'homme, ni que
l'homme ſoit fait pour Dieu. *Ethic. part.* 1. *pag.*
34.

ſuit

» suit l'Anonyme , nous devons les
» employer à l'usage qu'il les a fai-
» tes , & nous en servir pour la fin qu'il
» s'est proposée en les créant , autant
» que nous pouvons par notre raison
» connoître son but & son dessein.
» Nous ne devons jamais abuser d'au-
» cune de ces choses & n'en point faire
» d'excès, *de peur d'altérer notre santé* , (*a*)
» ou troubler notre raison ; & nous
devons

(*a*) Voltaire a fait un Discours *sur la nature du plaisir* , où il prétend montrer contre M. Pascal , ou plûtôt contre l'Evangile , que ceux qui vivent dans les plaisirs des sens , font heureux , & qu'en les goutant , ils remplissent la fin pour laquelle Dieu les créés. Il ne veut pas ponr cela que l'on s'abandonne sans mesure à toutes les voluptés. En le faisant , on abregeroit ses jours ; & l'amour de soi-même demande qu'on les prolonge.

Je suis homme, & d'un Dieu je chéris la
    clémence ,
Mortels! Venez à lui ; mais par reconnoissance.
La nature , attentive à remplir vos desirs ,
Vous appelle à ce Dieu par la voix des plaisirs.

. . . . .
Par le seul mouvement il conduit la matiere ;
Mais c'est par le plaisir qu'il conduit les hu-
    mains.
. . . . .

. . . . . .
Oui, pour nous élever aux grandes actions ,
Dieu nous a par bonté donné les passions.
Tout

» devons prendre garde de les faire fer-
» vir de quelque maniere que ce foit ,
» d'obftacle à notre devoir.

Je rapporte ceci pour prévenir une objection que l'on pourroit me faire en faveur de Pope à l'occafion de ce qu'il dit de l'amour de Dieu. M. l'Abbé du Refnel dans le fommaire qu'il a mis à la tête de l'Epître 4e. de Pope, lui fait dire, » Que la vertu feule conftitue un » bonheur dont l'objet eft univerfel & » éternel ; & que la perfection du bon- » heur confifte dans l'amour de Dieu » & dans l'amour des hommes. » Ces expreffions ne doivent plus furpren- dre , lorfqu'on voit un Auteur tel que mon Anonyme , recommander com-

Tout dangereux qu'il eft , c'eft un préfent cé-
lefte ,
L'ufage en eft heureux , fi l'abus eft funefte.
• • • •
• • • • •
Le Ciel nous fit un cœur ; il lui faut des défirs.
• • • • •
• • • • •
Je fuis loin d'en conclure, Orateur dangereux ;
Qu'il faut lâcher la bride aux paffions humaines
De ce courfier fougueux je veux tenir les rênes ;
Je veux que ce torrent par un heureux fecours ;
Sans inonder mes champs, les abreuve en fon
cours.

Cinquiéme Difcours , p. 80. &c.

H

me il fait l'amour de Dieu & du prochain. Que dis-je ? Spinofa parle de l'a-
mour de Dieu d'une maniere beaucoup
plus relevée que Pope & mon Anonyme. » Puifqu'il n'y a, dit Spinofa, que
» l'amour de Dieu qui puifle être la
» fouveraine felicité de l'homme, fa
» principale fin & le but de toutes fes
» actions, il s'enfuit que ponr accom-
» plir la Loi divine , il faut s'efforcer
» d'aimer Dieu , non par la terreur des
» fupplices, ni pour l'amour de quel-
» que autre chofe , comme par exem-
» ple des délices, de la renommée &c ;
» mais feulement parce que l'on con-
» noît Dieu , ou que l'on fait que le
» fouverain bien ne confifte qu'à le con-
» noître & à l'aimer. Si bien que le fom-
» maire de la Loi Divine & le plus
» grand de fes commandemens eft d'ai-
» mer Dieu pour l'amour de lui même ,
» fans y être incité par les peines ou par
» les récompenfes, puifque la feule idée
» que nous en avons, nous dicte clai-
» rement qu'il eft notre fouverain bien,
» & que fa connoiffance & fon amour
» eft la fin derniere & le but où doi-
» vent vifer toutes nos actions.

Qui croiroit que c'eft Spinofa qui parle
ainfi de l'amour de Dieu ? Mais il ne

faut pas s'y tromper. Le Dieu de Spinofa n'eſt pas le Dieu des Chrétiens, & l'a-
mour que Spinoſa veut que l'on ait pour
Dieu , ne reſſemble en rien à la charité qui fait l'ame de la Religion Chrétienne. Ainſi , quand je vois Pope ad-
mettre ſur des points eſſentiels les
principes de Spinoſa, je tremble que le
Dieu de Pope ne ſoit celui de Spinoſa.
Quand cela ne ſeroit pas , il eſt toujours hors de doute que l'amour de
Dieu dont Pope fait parade , n'eſt point
la *charité* , quoique M. l'Abbé du Reſnel décore d'un ſi beau nom cet amour.
En effet c'eſt la charité qui fait l'homme
vertueux. Or l'homme vertueux de Pope eſt le même que celui de Spinoſa.
Cet homme vertueux n'a fonciere-
ment d'autre Religion que *la Religion
naturelle*. Toutes les autres lui ſont in-
differentes. Pope lui-même va nous le
dire : » l'homme de bien (Ce ſont ſes
» paroles) N'EST ESCLAVE D'AUCUNE
» SECTE ; IL NE SUIT POINT DE ROUTE
» PARTICULIERE. Il s'éleve par l'inſpec-
» tion de la nature au Dieu de la nature.
» Il n'abandonne jamais cette chaîne
» qui lie le grand Syſtême , qui joint le
» Ciel & la Terre , le mortel & le di-
» vin. Il voit que dans cette chaîne au-

Trad.
en proſe.
p. 98.

H ij

» cun Etre ne sauroit être heureux, que
» ce bonheur n'affecte quelqu'un au-
» dessus, quelqu'un au-dessous. Il ap-
» prend de ce grand tout, le premier
» & le dernier but de l'ame humaine;
» & il connoît quel est le principe &
» quelle est la fin de la foi, des Loix &
» de la Morale: l'amour de Dieu, &
» celui du prochain.

Qu'est-ce que cette chaîne qui lie le grand Système? (a) Qu'est-ce que ce grand Tout, le premier & le dernier but de l'ame humaine? Si ce n'est pas le Spinosisme que l'on établit ici, il me semble qu'on s'en approche beaucoup. Quoiqu'il en soit: l'amour qui fait l'homme vertueux de Pope, est l'amour premiérement de soi, ensuite des pa-

(a) Voltaire le fait entendre quand il dit:
Montre moi, si tu peux, cette chaîne invisible,
Du monde des esprits & du monde sensible,
Cet ordre si caché de tant d'Etres divers,
Que Pope après Platon crut voir dans l'Univers.
Vous me pressez en vain. Cette vaste science
Ou passe ma portée, ou me force au silence.
Mon esprit resserré sous le compas François,
N'a point la liberté des Grecs & des Anglois.
Pope à droit de tout dire, & moi je dois me taire.
A Bourge un Bachelier peut percer ce mystere.
Je n'ai point mes dégrés, & je ne prétens pas
Hazarder pour un mot de dangereux combats...
Sixiéme Discours *De la nature de l'homme* p. 86.

rens , des amis , des voifins , de tous les hommes , de tous les Etres. » L'a-
» mour propre allié avec l'amour focial,
» & l'amour de Dieu , dit Pope , nous p. 100.]
» fait trouver notre bonheur dans celui
» de notre voifin. Eft-ce trop peu pour
» ton cœur généreufement illimité ,
» dit-il à l'homme? Donne lui une plus
» vafte carrière , & étends ta générofité
» jufqu'à tes ennemis. Ne fais qu'un
» fyftême de bienveillance de tous les
» Mondes , de tous les Etres raifonna-
» bles, *de tous ceux qui ont vie & fentiment ;*
» d'autant plus heureux que tu feras
» plus généreux : le plus haut dégré de
» bonheur correfpond au plus haut dé-
» gré de charité. L'amour de Dieu def-
» cend du tout aux parties : mais celui
» de l'homme s'éleve de l'individu au
» tout. L'amour propre ne fert qu'à re-
» veiller l'ame vertueufe ; ainfi qu'un
» petit caillou qui , jetté dans une eau
» paifible fait naître au tour du centre
» qu'il a mis en mouvement , un petit
» cercle qui en fuite s'étend , devient
» plus grand , & encore plus grand. Il
» embraffe d'abord parent , ami , voi-
» fin ; enfuite la patrie , & toute la ra-
» ce humaine. Les épanchemens de
» l'ame s'étendant de plus en plus , em-

» braſſent enfin *tous les Etres de toute eſ-*
» *péce.* La terre rit de toutes parts. Une
» bienveillance ſans bornes produit un
» bonheur général ; & le Ciel dans le
» cœur de l'homme généreux contem-
» ple ſon image.

Voilà ce que Pope appelle *la parfaite*
charité. Elle ne ſe borne pas à tous les
êtres raiſonnables. Elle s'étend à tout,
& comprend juſqu'aux grains de ſable
& aux corpuſcules ſans nombre dont le
monde eſt compoſé. C'eſt cette prétendue charité qui fait l'ame de la *Religion*
naturelle, que Pope veut ſubſtituer à
toutes les Religions qui ſont dans le
monde. La vraie Religion, ſelon Pope,
doit réunir tout. Or les hommes » ne
» peuvent être réunis par un même ſyſ-
» tême. « Ce ſont ſes paroles.» Laiſſez
» donc, c'eſt encore lui qui parle, *les*
» *faux zélés* diſputer ſur les differen-
» tes manieres de croire : tout ce qui
» s'oppoſe à l'unique, à la grande fin,
» *doit être faux* ; & tout ce qui contribue
» au bonheur du genre humain & à la
» correction des mœurs, vient de Dieu.
Le ſens de ces paroles eſt maintenant
aiſé à comprendre. Toutes les Religions particulieres qui ſont dans le
monde, ne propoſent que des diffé-

rentes manieres de croire. Elles font toutes ennemies les unes des autres. Elles ne peuvent donc concourir à l'unique, à la grande fin, qui eſt de lier tous les Etres d'un amour ſocial. Par conſéquent toutes ces Religions doivent être fauſſes. Et celle qui ne propoſant aucun dogme qui appartienne à la révélation, s'arrêtera uniquement à la correction des mœurs, ne peut venir que de Dieu; parce qu'il n'y a point d'homme, qui, pour ſa propre conſervation, n'ait intérêt que le monde ne ſoit pas corrompu. C'eſt ce que fait *la Religion naturelle*, ſelon Pope & Spinoſa ; donc elle eſt l'unique, qui ſoit d'une obligation indiſpenſable pour tous les hommes.

J'ai dit, il n'y a qu'un moment, que je tremble que le Dieu de Pope ne ſoit celui de Spinoſa. Ce qui augmente ſur cela mes ſoupçons, eſt ce que dit Pope, » que tout ce qui eſt, n'eſt que partie » d'un TOUT ſurprenant, DONT LA NA- » TURE EST LE CORPS, ET DONT DIEU » EST L'AME. A s'en tenir à la lettre de ces paroles, le Dieu de Spinoſa peut-il être mieux défini? Pope continue : » Il » (Dieu) ſe diverſifie dans chaque être; » & cependant il eſt toujours le même. » Il eſt auſſi grand dans l'œconomie de

Trad. en profe. p. 22.

» la terre , que dans celle de la machine
» Etherée. Il échauffe dans le soleil ,
» rafraîchit dans le zéphir , brille dans
» les étoiles , & fleurit dans les arbres.
» Il vit dans chaque vie , s'étend dans
» toute étendüe , se répand sans se par-
» tager , donne sans rien perdre , res-
» pire dans notre ame , anime notre
» partie mortelle , également parfait
» dans la formation d'un cheveu , que
» dans celle du cœur ; dans l'homme
» vil qui se plaint , & dans le Séraphin
» transporté qui n'est qu'amour & que
» louange : pour lui rien de haut , de
» bas , de grand , de petit : il remplit ,
» il limite , il enchaîne , il égale tout.

Il n'y a rien dans cette description
que Spinosa & ses disciples n'adoptent.
Mon Anonyme dit de Dieu , » qu'il est
» le plus parfait de tous les Etres ; qu'il
» contient éminemment toutes les per-
» fections : qu'il est infiniment au-des-
» sus de ce qui convient à l'homme :
» qu'il a tout créé : que ce n'est que par
» lui que nous existons & que nous
» agissons ; sur quoi il cite ce texte de
» saint Paul : *In ipso vivimus , movemur &*
» *sumus.* Mais dans un autre endroit
expliquant ce que c'est que Dieu , il dit :
» Dieu , C'EST-A-DIRE la nature , en tant
                      » qu'elle

ch. 12.
p. 138.

ch. 11.
p. 136.

§. 1. p. 8.

» qu'elle eſt le principe de tout mou- ch. 1.
» vement, a excité dans le cœur la loi p. 8.
» naturelle.» Puis revenant ſur cette dé-
finition, il dit: » Donner à l'homme
» une liberté telle qu'il peut offenſer
» ſon Créateur, c'eſt lui fournir des ar-
» mes pour ſe tuer. Nous avons dit que ch. 12.
» nous n'agiſſons que par des regles dé- p. 136.
» terminées au mouvement, dont les
» cauſes ne dépendent pas de notre ca-
» price. Si rien n'arrive que par ces ré-
» gles du mouvement : ſi le corps de
» l'homme ne ſe remue que conformé-
» ment à elles, comment Dieu peut-il
» nous punir ? ..... L'homme eſt un hor-
» loge qui ne va que ſelon qu'il eſt
» monté. Il faut donc le monter pour p. 137.
» le faire agir, & ſelon ſes intérêts étu-
» dier ce qui le détermine. Celui qui
» fait le mal, ne le fait pas comme mal,
» mais comme bien, parce qu'il ne peut
» aimer que ce qui lui paroît bon. Mais
» il arrive ſouvent qu'on croit agir libre-
» ment, quand on n'agit que par paſ-
» ſion. Les actions extraordinaires d'un
» fou lui paroiſſent libres. C'eſt un cer-
» tain mouvement de liqueur, une cer-
» taine diſpoſition des organes, qui
» rend l'homme patient, ſage, ou fou.
Rien, comme l'on voit, de plus aiſé

à concilier avec Pope que mon Anonyme, qui fait agir néceſſairement tous les
Etres comme dépendans du premier
principe, qui donne le branle à tout, &
qui peut être conſideré comme l'ame
dont tous les autres Etres font le corps.

La conformité de Pope avec l'Anonyme paroîtra encore davantage par le
texte de Pope qui va ſuivre. » Regarde,
» dit-il, au travers de l'air, ſur la terre,
» ſur la mer, la matiere prête à éclorre,
» s'agiter, crever, & produire. Quelle
» progreſſion d'être s'éleve en haut,
» s'étend ſur la ſurface, ſe cache dans
» la profondeur ! Quelle chaîne, qui
» commence depuis Dieu ! (a) Natures
» étherées & terreſtres, Ange, homme,
» bête, oiſeau, poiſſon, inſecte. O
» étendue, que l'œil ne peut voir, que
» l'optique ne peut atteindre, depuis

p. 79.

(a) *Voltaire dit dans des Vers addreſſés à Madame la Marquiſe du Châtelet, ſur la Phyſique de Neuton :*

L'eſpace *qui* de Dieu contient l'immenſité,
Voit rouler dans ſon ſein l'Univers limité.

(Edit. de 1740, p. 168.) & p. 122. de l'Edit. de Geneve 1742. Tom. V.

S'il n'y a pas faute dans l'imprimé, & que l'on ne doive pas dire :

L'eſpace *que* de Dieu contient l'immenſité,
C'eſt un blaſphême.

(99)

« l'infini jufqu'à toi, depuis toi jufqu'au
» néant ! Si nous pouvions empiéter
» fur les puiffances fupérieures, les in-
» férieures le pourroient fur nous : au-
» trement il y auroit un vuide dans la
» création, où, un degré étant ôté,
» toutes les proportions font renver-
» fées ; où un chaînon étant rompu,
» toute la grande chaîne eft détruite ;
» & l'eft également, que ce chaînon
» foit le dixiéme, ou le dix milliéme.
» Si chaque monde, continue Pope,
» fe meut dans un ordre graduel, qui
» n'eft pas moins de fon effence que de
» celle de l'Univers, ce tout merveil-
» leux ; la moindre confufion dans un
» feul, entraîneroit non-feulement la
» ruine de ce monde particulier, mais
» encore celle *du grand tout*. La terre
» perdant fon équilibre, s'écarteroit de
» fon orbite : les planetes & le foleil
» courroient fans régle au travers des
» Cieux : les Anges préfidans à chaque
» fphére, en feroient précipités : un
» Etre s'abîmeroit fur un autre Etre ;
» un monde fur un autre monde : toute
» la fondation des Cieux s'ébranleroit
» jufques dans fon centre : la nature
» *frémiroit* JUSQU'AU TRÔNE DE DIEU :
» tout cet ordre admirable feroit rom-
» pu.   I ij

(100)

Ou les termes ne signifient rien , ou Pope établit ici , que tout ce qui arrive dans le monde , y arrive néceſſairement. Cette grande chaîne qui lie tout , à commencer depuis Dieu juſqu'au dernier des Etres , eſt une chaîne de néceſſité & de fatalité ; telle que ſi un ſeul des chaînons venoit à manquer , tout ſeroit renverſé ; & ce renverſement frémiroit juſqu'au Trône de Dieu ; ou , comme l'a traduit M. l'Abbé du Reſnel :

» Dans le trouble & l'horreur la nature
    expirante ,

p. 79. » Juſqu'au Trône de Dieu porteroit l'épouvante.

Cela ne peut être vrai que dans le ſyſtême qui fait de Dieu & du monde un ſeul tout, dont Dieu eſt l'ame, & la nature le corps. C'eſt, au jugement de Diction. de Bayle Tom. 3. p. 2631. Bayle, le ſyſtême de Spinoſa. « Je crois, » dit Bayle, que Spinoſa eſt le premier » qui ait réduit en ſyſtême l'Athéiſme, » & qui en ait fait un corps de doctri- » ne, lié & tiſſu ſelon les maximes des » Géométres : mais d'ailleurs ſon ſyſtê- » me n'eſt point nouveau. Il y a long- » tems que l'on a cru que tout l'Univers » n'eſt qu'une ſubſtance, & que Dieu » & le monde ne ſont qu'un ſeul Etre.... » Le dogme de l'ame du monde, qui

» a été si commun parmi les Anciens,
» & qui faisoit la partie principale du
» système des Stoïques, est dans le fond
» celui de Spinosa.

Spinosa soutient qu'il n'y a qu'une substance. C'est ce que Pope exprime par *ce tout étonnant, ce tout merveilleux, ce grand tout dont Dieu est l'ame, & la nature est le corps.*

Spinosa prétend qu'il n'y a rien de contingent dans la nature, & que tout Etre particulier & fini est déterminé par une autre cause particuliere & finie, celle-ci par une autre encore particuliere & finie ; & ainsi à l'infini de causes en causes : & tout cela par la nécessité de la nature Divine. Pope dit la même chose : » Considere le monde où
» tu es placé, dit-il à l'homme : exa- p. 48.
» mine cette chaîne d'amour qui ras-
» semble & réunit tout ici bas comme
» en haut. Vois la nature féconde tra-
» vailler à cet objet ; un atome tendre
» vers un autre atome ; & celui qui est
» attiré, en attirer un autre figuré & di-
» rigé pour embrasser son voisin. Vois
» la matiere variée sous mille formes
» différentes, se presser vers un centre
» commun, le bien général : un vegeta-
» tif mourant est le soutien de la vie

» d'un autre , & quelquefois fe diſſout
» pour vivre une vie nouvelle : une for-
» me qui ceſſe d'être , eſt ſuccedée par
» une autre forme, paſſant *alternativement*
» de la vie à la mort, de la mort à la vie ;
» ſemblable à une bulle formée ſur la
» mer de la nature, elle s'éleve, elle
» creve, elle retourne à la mer. Il n'y a
» rien d'étranger : toutes les parties ſont
» relatives au tout. L'eſprit univerſel
» qui s'étend par tout, qui conſerve
» tout, unit tous les Etres, le plus grand
» au plus petit.

La comparaiſon des bulles d'eau qui
s'élevent, qui crevent & retournent à la
mer, n'eſt pas miſe ici ſans deſſein.
Bayle, à l'article de Spinoſa, dit : » Je
» remarquerai en paſſant, une abſur-
p. 2631. » dité de ceux qui ſoutiennent le ſyſtê-
» me de l'ame du monde. Ils diſent que
» toutes les ames &des hommes & des
» bêtes ſont des particules de l'ame du
» monde, qui ſe reuniſſent à leur tout
» par la mort du corps ; & pour nous
» faire entendre cela, ils comparent les
» animaux à des bouteilles remplies
» d'eau qui floteroient dans la mer. Si
» l'on caſſoit ces bouteilles, leur eau ſe
» réuniroit à ſon tout. C'eſt ce qui arri-
» ve aux ames particulieres, diſent-ils,

» quand la mort détruit lesorganes où
» elles étoient renfermées.

Quoi de plus fort pour montrer la
conformité de Pope avec les Athées qui
l'ont précedé ?

Ce n'est pas tout. Spinosa soutient que
les Etres de l'Universn'ont pu être pro- Etich. p.
duits d'une autre maniere , ni dans un 26.
autre ordre qu'ils ont été produits. Pope dit aussi , que » De tous les systêmes
» possibles la sagesse infinie a dû *préferer*   p. 5.
» *le meilleur* , où tout *doit* être rempli ,
» parce que autrement il n'y auroit
» point de cohérence ; & où tout ce
» qui est, est dans le dégré où il *doit*
» être.

Spinosa enseigne , que la Providence , le décret , la volonté Divine ne
font autre chose que l'ordre constant,
nécessaire & immuable de la nature ,
& que les véritables Philosophes font
fortement persuadés que Dieu gou-
verne la nature selon les Loix uni-
verselles, c'est-à-dire par la nécessité
absolue de sa propre nature , & non pas
selon l'exigence des Loix particulieres
de la nature humaine , à laquelle il n'a
pas plus d'égard qu'au reste de la nature.

C'est encore ce que Pope a voulu ex-

primer quand il dit : » Ressouviens-toi,
homme , que la cause universelle n'agit
pas par des loix particulieres , mais
qu'elle agit par des Loix générales ....
L'ordre est la premiere Loi du Ciel ....
Et dans un autre endroit : » Telle est
» la grande harmonie du monde , qui
» n'aît de l'union & du concert géné-
» ral de toutes choses..... où tout tend à
» un seul point , où tout est porté vers le
» centre ; bêtes , hommes ou Anges ;
» serviteur , Seigneur ou Roi. ... C est
» ainsi que Dieu et la nature ont lié
» la fabrique générale.

Je m'arrête , M. je ne crois pas devoir pousser plus loin le parallelle entre
Pope & Spinosa. Je m'étois proposé de
montrer que Pope a les mêmes principes & tient le même langage que les
impies bien décidés. C'est à vous de
me dire si j'ai rempli mon engagement.
Je suis &c.

Le 20. Octobre 1745.

TROISIE'ME LETTRE.

VOus n'attendez pas de moi, Monſieur, que je réfute ſérieuſe-ment le ſyſtême de Pope. Avoir montré la conformité de ce ſyſtême avec ceux des impies les plus déclarés, c'eſt l'avoir réfuté ſuffiſamment. Mais, ce que je ne puis m'empêcher de remettre ſous vos yeux, c'eſt l'avidité avec laquelle on embraſſe aujourd'hui ces miſérables ſyſtêmes. Quiconque ouvre la bouche pour décharger les hommes du joug ſalutaire de la Religion, eſt aſſuré d'être écouté. Telle eſt la diſpoſition préſente des eſprits. Eſt-ce que la Religion Chrétienne n'eſt pas raiſonnable ? Quelque élévés que ſoient ſes dogmes au-deſſus de notre foible raiſon, ce n'eſt ni leur ſublimité ni la difficulté de les croire, qui fait inventer de nouveaux ſyſtêmes. La Religion Chrétienne eſt ennemie des paſſions. Elle ne laiſſe attendre aux amateurs du monde que des châtimens éternels. Voilà ce qui fait déſirer que ſes dogmes ne ſe trouvent pas véritables. Vivre ſans gêne pour le préſent, & ſans crainte pour l'avenir, c'eſt ce que le cœur demande : je dis le cœur gâté & corrompu. Ne cherchons point d'autre ſource du libertinage de l'eſprit. On n'inventeroit point les nouveaux ſyſtêmes, ſi le cœur étoit pur. Mais le *non concupiſces* de la Religion Chrétienne met trop à l'étroit. On veut être plus au large. Or quand le cœur a intérêt de faire paſſer ſa corruption juſques dans l'eſprit, il n'y a point d'impiété qu'il ne puiſſe lui faire recevoir. Il n'eſt pas douteux que le ſyſtéme de la *Religion naturelle* que nos Libertins s'efforcent d'établir, ne ſoit un ſyſtême plein d'impiété. Cependant que de Sectateurs n'a-t'il pas ?

En Angleterre, en France, en Hollande, en Allemagne, & dans tout le Nord l'irreligion fait de grands progrès. Peut-être qu'en Italie le mal eſt plus étendu qu'on ne penſe. Eh qui ſait ſi cette ſociété qui prend le nom de *Framaſſons*, n'eſt pas établie pour réunir dans un même Corps tous les Sectateurs de la *Religion naturelle* ? C'eſt en Angleterre que cette Société a pris naiſſance : & c'eſt d'Angleterre que nous viennent la plûpart des livres où l'on s'efforce de donner cours au ſyſtême de la *Religion naturelle.* Le nom de *Framaſſons* annonce un deſſein de bâtir. Les *Framaſſons* ont une truelle pour attribut : ce qui marque qu'ils veulent élever un édifice. Jeſus-Chriſt choiſit des pêcheurs pour jetter le filet de la parole de Dieu dans le monde ; & de pêcheurs de poiſſons ils devinrent pêcheurs d'hommes. Ici ne veut-on point faire entendre que l'on eſt deſtiné à réunir les hommes de toute Religion dans la ſeule Religion qui, ſelon Pope, les peut réunir ? Tel eſt l'édifice qu'il paroît que l'on veut bâtir. En effet, de toute Religion on peut être admis dans la Société des *Framaſſons*. Pour ne pas troubler l'ordre & la police des Etats dans leſquels on vit, on s'acquittera juſqu'à un certain point des devoirs extérieurs que preſcrit la Religion qui y domine. Mais on regardera l'amour de Dieu & du prochain, pris au ſens de Spinoſa & de ſes Diſciples, comme l'unique dogme preſcrit par la *Religion naturelle.* Je penſe bien que l'on ne révéle pas à tous les *Framaſſons* l'impiété du ſyſtême. Tous ne ſont pas capables d'être initiés dans les myſteres. Combien de jeunes gens ſe laiſſent prendre par des dehors dans leſquels ils n'apperçoivent rien de mauvais ? Loin de leur dire : changez de

Religion, on leur dit : demeurez dans celle où vous êtes. Servez votre Prince. Ne faites point aux autres ce que vous ne voulez pas qu'on vous fasse à vous-même. C'en est assez pour surprendre des gens superficiels. Mais les Chefs : mais ceux qui connoissent le but du systême, ne vont-il pas plus loin ? Pourquoi ce secret gardé si constamment, & exigé si rigoureusement ?

Celui qui fait le mal, hait la lumiere. Je suis en droit de soupçonner, quelquefois même de juger, que l'on a de mauvais desseins, quand je vois que l'on affecte de cacher ce que l'on n'auroit nul intérêt de tenir secret, si on faisoit le bien. Une chose très certaine, c'est que gens bien connus pour n'avoir point de Religion, tiennent les premiers rangs dans l'ordre des *Framaffons.* (a)

(a) Le Déïfme est une Religion repandue dans toutes les Religions ; c'est un metal qui s'allie avec tous les autres, & dont les veines s'étendent aux quatre coins du monde. Cette mine est plus à découvert dans la Chine. Par tout ailleurs elle est cachée, & le secret n'en est qu'entre les mains des *Adeptes.* Il n'y a point de Pays où il y ait plus de ces *Adeptes* qu'en Angleterre ....

Oeuvres de Voltaire Edit. de Geneve de 1742. Tom. V. p. 108. DU DEÏSME.

Quoi qu'il en foit des *Framaſſons*, toujours eſt-il bien certain que l'impiété
gagne à vue d'œil. Il ſe forme une conſ-
piration générale contre la Religion.
Les ſyſtêmes ne ſont pas totalement les
mêmes : mais tous vont au même but.
Bayle, par exemple, ne paroît point
adopter aucun ſyſtême particulier : mais
ſes objections ſi fréquentes contre les
myſtéres, apprennent à douter où le
doute ne peut être permis. Sous prétexte d'humilier l'homme, & de lui
faire ſentir combien ſa raiſon eſt foible,
Bayle déploye toutes les forces de ſon
eſprit pour faire naître des difficultés
contre des dogmes que l'homme ne
peut comprendre. Qu'en réſulte-t'il ?
Qu'on commence à douter avec Bayle,
& à regarder ſes objections comme in-
ſolubles. La Religion ne paroît plus
auſſi reſpectable qu'on l'avoit cru. Les
raiſonnemens de Bayle deviennent des
démonſtrations. On aime à ſe dire à
ſoi-même, que Dieu eſt trop bon &
trop juſte pour punir éternellement des
fautes qui ne paroiſſent pas mériter un
châtiment ſi rigoureux. On accoutume
la raiſon humaine à ſonder les profondeurs de Dieu, ſans craindre d'être
opprimé par la gloire qui en rejaillit.

On prescrit à Dieu la conduite qu'il a dû garder dans la création de l'Univers. Dieu, dit-on, auroit-il créé les hommes, s'il avoit prévû que la très-grande partie dût périr ? Est-il d'un Etre sage, d'un Etre bon, d'un Etre dont les voies sont pleines d'équité, d'en user ainsi ? La comparaison du potier employée par Saint Paul, paroît trop dure & indigne de l'Etre infiniment parfait. Si l'Apôtre s'écrie, *O altitudo !* on n'en est pas plus disposé à s'abbaisser devant Dieu. Quand on ne raisonne qu'en Physicien, on exalte la puissance & la sagesse de celui qui a tout créé. On avoue son ignorance, sa foiblesse, son impuissance pour expliquer tant d'effets naturels que l'on voit sans les comprendre. On trouve Dieu infini par-tout, & par-tout incompréhensible. S'agit-il de la Religion ? On veut tout comprendre. On veut que l'on puisse rendre raison de tout. C'est au tribunal de la raison humaine que les Mystéres sont cités. Tous sont au-dessus de la raison. Mais la raison de les croire n'est pas au-dessus de la raison. Cependant les objections ne tarissent point ; & parce que l'on aime à se faire illusion, la cupidité fait trouver raisonnable, ce que la raison éclairée des lu-

(111)

mieres de la foi, feroit règarder comme
extravagant , ſi on étoit aſſez heureux
pour la conſulter.

Comment ces hommes qui ſe croyent
ſi éclairés, n'ont-ils pas vu qu'à force de
vouloir humaniſer , pour ainſi dire, la
Religion, ils ne lui laiſſent plus rien de
divin? Pour vouloir nous conduire à
Dieu par une voie qui ne choque point
la ſageſſe humaine, on s'ôte à ſoi-même toute créance. En effet, autant Dieu
eſt élévé au-deſſus des hommes , autant
la Religion qui apprend à le ſervir ,
doit-elle s'élever au-deſſus de ce que les
hommes peuvent inventer. » Mes pen-
» ſées ne ſont pas vos penſées, & mes
» voies ne ſont pas vos voyes, dit le Iſaï, 55.
» Seigneur. Mais autant que les Cieux 8.
» ſont élévés au-deſſus de la terre, autant
» mes voies ſont élévées au-deſſus de vos
» voies , & mes penſées au-deſſus de vos
» penſées. » C'eſt donc très-mal raiſonner, de bannir de la Religion tout ce qui
choque les lumieres ſi courtes de la raiſon humaine. J'aime à entendre dire
par un Sage d'un ordre bien différent
de celui de nos Sages du ſiécle, que ce
qui paroît en Dieu une folie, eſt plus 1.Cor.1.
ſage que la ſageſſe de tous les hommes ; 25.
& que ce qui paroît en Dieu une foi-
bleſſe , eſt plus fort que la force de tous

les hommes. C'eſt là parler de Dieu d'une maniere digne de Dieu. Et lorſque ce Sage ajoute que » Dieu, voyant » que le monde avec la ſageſſe hu- » maine ne l'avoit point connu dans les » ouvrages de la ſageſſe divine, il lui a » plû de ſauver par la folie de la prédica- » tion, ceux qui croïroient en lui: Lorſqu'il ajoute, que pour prêcher le myſtere d'un Dieu crucifié, & le faire croire à toutes les Nations, » Dieu a choiſi » les moins ſages ſelon le monde pour » confondre les ſages; qu'il a choiſi les » foibles ſelon le monde pour confon- » dre les Puiſſans : qu'il a choiſi les plus » vils & les plus mépriſables ſelon le » monde, & ce qui n'étoit rien, pour » détruire ce qu'il y avoit de plus grand, » afin que nul homme ne ſe glorifie de- » vant lui ; » à ce langage je reconnois le langage d'un homme inſpiré. Le myſtére d'un Dieu crucifié pour ſauver les hommes, ne tombe point dans l'eſprit de l'homme. Des pêcheurs & des artiſans qui entreprennent de faire croire au monde ce myſtére, & qui en viennent à bout, ſans employer aucune des voies que les hommes employent pour ſe faire écouter, ne laiſſent voir que la main de Dieu dans leur ouvrage.

Que

Que viennent donc faire aujourd'hui
nos Réformateurs, nos faiseurs d'objections, nos inventeurs de systèmes? Les
Sociniens, en abolissant les Mystéres,
veulent rendre la Religion plus raisonnable. Mais est-il raisonnable d'écouter
des hommes qui font perdre à la Religion Chrétienne les caracteres de divinité, qui l'élevent si fort au-dessus de
toutes les Religions qui ont paru dans
le monde? Bayle s'épuise en raisonne-
mens & en objections qui naissent de
l'incompréhensibilité des Mystéres.
Mais est-il rien de si raisonnable que de
croire les Mystéres, si Dieu lui-même
les a revelés? Eh! quelles preuves n'a-
vons-nous pas de la révélation ? Quoi
de plus évident que la mission divine
des Patriarches, de Moyse & des Prophetes, de Jesus-Christ & des Apôtres ?
Moyse par ses prodiges a ébranlé toute
la nature. Les Prophetes ont prédit les
événemens les plus éloignés. Jesus-
Christ a fait des miracles que nul n'avoit
fait avant lui. Les Apôtres ont renversé
l'Idolatrie, & porté la connoissance du
vrai Dieu jusqu'aux extrémités de la
terre. En est-ce assez pour mériter d'être
cru, parlant comme au nom de Dieu? Et
que l'on ne me dise point que jamais

Bayle n'a prétendu donner atteinte à la Révélation : que jamais il n'a eu deſſein de combattre la Religion. S'il n'a pas attaqué la Religion à viſage découvert, en a-t'il moins été l'ennemi de ſes dogmes ? Il a attaqué les fauſſes Religions, & n'a pas épargné la véritable. Il ne s'eſt pas mis en peine d'édifier : mais il s'eſt appliqué à détruire. Vrai Pyrrhonien, il a voulu apprendre à douter de tout : & n'y a-t'il pas réuſſi pour le malheur de beaucoup de ſes lecteurs ?

Les partiſans du nouveau ſyſtême de *la Religion naturelle* ne ſont pas moins dangereux, quoiqu'ils ſoient peut-être encore plus déraiſonnables : car je ne ſai ſi en matiere de Religion on peut porter plus loin l'abus de la raiſon. Pope ſuppoſe que le monde eſt ſorti des mains de Dieu tel qu'il eſt ; que le déſordre qui y regne, eſt un ordre réel ; que l'amour propre eſt un don de Dieu ; que la cupidité eſt ſon ouvrage. Admettez ces principes ; inculquez les bien dans les eſprits ; & vous verrez ſi la terre pourra être habitée. Vous faites de tous les hommes autant de brigans, dès que vous les aſſurez qu'en ſuivant la cupidité, ils ne font que ſuivre un penchant que Dieu a mis dans leur cœur. En vain s'efforcera-t'on de réprimer les paſſions. *Tout eſt bien comme il eſt*, répondront avec Pope ſes diſciples. Ce que vous regardez en nous comme un mal, ajouteront-ils, eſt un bien qui entre dans le plan de ce vaſte Univers. C'eſt un des chaînons de cette grande chaîne qui lie tous les Etres ; & ce chaînon eſt tellement néceſſaire pour la beauté & pour la perfection du grand tout, que ſi nous ne faiſions pas ce que vous appellez un mal, toute la vaſte machine de l'Univers ſeroit bouleverſée, & porteroit l'épouvante juſqu'au Trône de Dieu. Ainſi doit-on raiſonner dans le ſyſtême qui fait Dieu auteur de la cupidité.

Nos Libertins ſe révoltent, quand on leur parle d'un peché qui a cauſé dans le monde tout le deſordre que l'on y remarque. Mais il n'y a point de milieu. Ou le mal vient de Dieu, ou le mal vient de l'homme. S'il vient de Dieu, ce n'eſt plus un mal ; & les conſéquences qui naiſſent du principe, que *tout eſt bien dans toute la nature*, ſont des conſéquences néceſſaires. Si le mal vient de l'homme, il faut croire ce que la Religion nous enſeigne du peché d'Adam & de toutes ſes ſuites. Elle ſeule peut éclairer nos ténebres ſur la maniere dont le peché eſt entré dans le monde , & ſur les maux qu'il y a cauſés. Il eſt vrai que le peché originel eſt un myſtére incompréhenſible. Mais , ſans la créance de ce myſtére , l'homme eſt encore plus incompréhenſible à lui-même. C'eſt le dénouement de toutes les contradictions qui ſont en nous , & de tout ce que le monde renferme d'irrégulier.

La Religion nous apprend que Dieu ne fait point le mal , mais qu'il le permet , & qu'il ne le permet que pour en tirer un bien. Eſt-il plus raiſonnable de ſoutenir que ce que l'on appelle mal , n'eſt point un mal ; & que ce que l'on appelle deſordre , n'en a que l'apparence ? Eſt-il plus avantageux au genre humain de travailler à effacer de tous les eſprits & de tous les cœurs , les idées de l'ordre ? Quoi! l'homme parviendra au ſolide bonheur , en étouffant toute ſynderèſe, tout remords de conſcience? Il faut le dire cependant , ſi *tout eſt bien dans toute la nature , & ſi tout deſordre apparent , eſt un ordre réel.*

Dans quels égaremens ne tombe-t'on pas , quand on s'égare du droit chemin? On veut ſe frayer une route nouvelle. Où conduit-elle ? Quelle idée nous donne-t'on de Dieu , que l'on fait

agir néceffairement ; que l'on fait auteur du mal moral ? Emporté par la né-
ceffité de fon être à faire tout ce qui
exifte , qu'eft devenue cette indépendance & cette fouveraine liberté , qui
fait un des caracteres effentiels de la Divinité ?

A quoi penfent Pope & fes femblables, de nous ramener aux foibles lueurs
de la raifon humaine , pour fonder les
profondeurs de Dieu ? Une expérience
de deux mille ans n'étoit-elle pas fuffi-
fante pour convaincre le monde des
égaremens dont les hommes font capables à cet égard ? Quel eft celui des fages de l'Antiquité, qui ait parlé de Dieu
d'une maniere digne de Dieu ? C'eft à
la Révélation que nous devons , d'être
plus éclairés que tout ce que la Grece
a produit de Sectes de Philofophes.
L'Unité de Dieu , la Spiritualité de fon
Etre , fon indépendance , fa puiffance
fans bornes, fa liberté dans le gouver-
nement des créatures , ont été mécon-
nues des uns, foiblement défendues par
les autres. A quel deffein nous fait-on
aujourd'hui quitter la voye de la Révélation ? Eft-ce pour nous rendre plus
raifonnables ? Si l'on n'eft pas affez tou-
ché des égaremens des Philofophes an-

ciens , que l'on jette les yeux fur ceux
qui vivent aujourd'hui dans le fonds de
l'Afie. Avons-nous lieu de nous repentir de n'avoir pas fur la Divinité , les
connoiffances des Brames , des Bonzes ,
des Gymnofophiftes , & des Philofophes
Chinois ?

Que toutes les Sectes qui ont paru
dans le monde , viennent s'effayer contre la Religion Chrétienne ; il n'y en
aura aucune qu'elle ne confonde. La
vraie Religion doit apprendre à connoître Dieu , & à fe connoître foi-même. Quelle autre que la Religion Chrétienne l'a pû faire ? Qui m'a donné l'ê-
tre ? Qui fuis - je ? Pourquoi fuis-je ?
Que deviendrai-je , en fortant du monde ? A toutes ces queftions toutes les
autres Religions demeurent muettes ,
ou ne me débitent que des fables. La
feule Religion Chrétienne m'apprend
que je tiens de Dieu tout ce que je fuis;
mais que je ne fuis plus ce que j'étois
au fortir des mains de Dieu. Elle feule
m'apprend que cette pente que j'ai vers
le mal , eft la punition d'un peché com-
mis dans un état où l'homme jouiffoit
d'une très-grande facilité pour le bien.
La Religion Chrétienne ne fe contente
pas de me montrer mamifere. Elle me

montre la voye pour en fortir , & m'af-
fure une félicité toujours durable dans
la poffeffion de celui pour lequel j'ai
été fait. Dire à l'homme d'où il vient ,
ce qu'il eft & ce qu'il deviendra : lui rendre raifon de ce mêlange de grandeur
& de baffeffe qu'il découvre dans le
fond de fon être : lui marquer ce qu'il
doit à Dieu , ce qu'il fe doit à foi-même ,
ce qu'il doit à tous les hommes ; c'eft
le privilége de la Religion Chrétienne.
Toutes les autres n'ont pû percer dans ce
Sanctuaire. Car qui peut connoître ce
qui eft en Dieu , fi ce n'eft l'Efprit de
Dieu & celui à qui ce divin Efprit aura
voulu le reveler ?

Quitterons-nous donc la fource de la
lumiere pour nous livrer aux ténébres
de ces hommes , qui fe croyent fages
avec les feules lumieres d'une raifon
corrompue par le péché ? Pope fe propofe de montrer à l'homme la voye qui
conduit au bonheur ; & il ne dit pas un
mot de celle que Jefus-Chrift à enfei-
gnée. Y en a-t'il une autre? On nous parle d'un bonheur que l'on ne fauroit
definir , qui fe trouvera , dit-on , dans
quelque autre Sphére au fortir de celle-
ci. Et pour arriver à ce bonheur , on
nous dit qu'il faut aimer tous les ani-

maux, tous les insectes, tous les grains de poussiere & tous les atomes, qui composent la vaste machine de l'Univers. En s'intéressant à leur bonheur; on prétend que nous assurons le nôtre. Telles sont les folies que l'on substitue aux vérités de l'Evangile. Le Monde n'est-il pas bien redevable aux beaux esprits qui lui donnent de telles leçons ? La Religion nous avoit appris que tout est pour les Elus , les Elus pour Jesus-Christ , & Jesus-Christ pour Dieu. Elle nous faisoit envisager l'homme entrant dans le monde comme un Roi qui entre dans son palais. *Vous l'avez établi , dit-elle à Dieu, sur-tous les ouvrages de vos mains.* Abus, illusion, nous dit-on aujourd'hui. L'homme n'a pas plus de raison de se persuader que le monde est pour lui, qu'un vil animal qui prétendroit que tout, jusqu'à l'homme, lui est subordonné. On appelle orgueil les sentimens de noblesse que Dieu a gravés dans le cœur de l'homme : sentimens qui lui apprennent qu'étant fait à l'image & à la ressemblance de Dieu, il n'y a rien dans le monde sensible qui ne soit audessous de lui. Que dis-je ? dans le tems même que l'on fait effort pour détourner l'homme de la voye de la foi comme

me

ne indigne de captiver fa raifon , on ne
craint point de le dégrader jufqu'à douter s'il eft d'une autre efpéce qu'une
taupe. C'eft Voltaire qui trouve beaucoup de vraifemblance à *foupçonner*
qu'Archimede & une taupe font de la
même efpéce. D'autres ne *foupçonneront*
pas , mais *jugeront* que s'il n'y a pas l'ombre de rapport entre Archimede & une
taupe , il y en a du moins un très-réel
entre la penfée de Voltaire , & celles
des habitans des petites Maifons. Ce
grand Philofophe n'a-t'il jamais lû cette
parole du Pfalmifte : *Homo , cùm in hono-*
re effet, non intellexit ? Elle le dépeint lui
& fes femblables parfaitement. Dieu ,
dit le Prophéte Roi , avoit elevé l'homme , & lui avoit donné un rang fupé-
rieur à tout ce qui a vie dans la nature. Mais l'homme s'eft oublié jufqu'à fe metre au rang des animaux , &
à fe croire femblable à eux : *comparatus*
eft jumentis , & fimilis factus eft illis. Voilà
ce que fait notre Philofophe , en mettant fur la même ligne Archimede &
une taupe. Que fes admirateurs rougif-
fent de fa ftupidité. Plus aveugle que la
taupe avec laquelle il fe confond , comment ofe-t'il s'attribuer le nom de Philofophe ? Autrefois Dieu fe vengea du

L

mépris que firent de fa Divinité les Sages de la Grece , en les livrant à un fens ré- prouvé. Aujourd'hui Dieu exerce le mê- me jugement fur ces hommes fuperbes qui dédaignent de fe foumettre au joug de la Foi. Suivez-nous, s'écrient-ils, nous ne vous dirons rien qui ne foit puifé dans les lumieres les plus pures de la raifon. Et cette raifon fi *épurée*, que leur dit-elle ? Qu'Archimede & une Taupe font de la même efpéce. Oh , que les Chrétiens font à plaindre d'avoir écouté le Verbe fait chair! Depuis dix-fept cens ans ils marchent dans les ténébres. Mais voici un nouvel Aftre qui fe leve fur notre horifon. Plus fage que tout ce qui a pa- ru avant lui , il nous apprend que notre condition eft la même que celle d'un vil animal : que les petits chiens & les petits enfans ont cent fois plus de rap- port entre-eux , qu'il n'y en a entre un homme d'efprit & un imbecille. L'extra- vagant qui débite ces paradoxes, pou- voit-il juftifier d'une maniere plus fen- fible la fageffe de Dieu ? Il s'attribue le nom de fage ; Et Dieu le livre à un fens fi pervers , que les fous même doivent paffer pour fages auprès de lui.

Cependant Voltaire eft l'oracle de bien des gens de fon efpéce. Eh ! que penfer de ceux qui en matiere de Reli-

gion prennent pour guide un Voltaire ?
Appliquons leur cette parole de Jesus-
Chrift : *Si la lumiere qui eft en vous , n'eft
que ténébres ; que feront les ténébres mêmes ?*
Il fied bien à cette efpéce d'hommes ,
qui fe glorifient de n'avoir pas une origine plus noble que la taupe , de vouloir raifonner fur la Religion & contre
la Religion. L'homme animal n'entend
rien aux chofes de Dieu. Pour voir
Dieu , pour entrer dans le Sanctuaire
qu'il habite , il faut avoir le cœur pur.
Les ames de boue fe plaifent dans la
boue. Celles qui font pures & exemtes
de toute paffion , s'élevent de la terre ,
& pénetrent jufque dans le fein de la
Divinité. *Mores enim perducunt ad intel-
ligentiam.* S. Auguftin qui le dit , en eft
une preuve bien fenfible. Quelque
grand que fût fon génie ; tant qu'il fui-
vit fes paffions , les divines Ecritures furent pour lui un livre fermé. Il n'en
voyoit que l'écorce ; & cette écorce le
rebutoit. Mais dez qu'il fut pénétré de
cette parole de l'Apôtre : *Ne vous laiffez*
point aller aux débauches ni aux yvrogneries , Rom. 13.
aux impudicités , ni aux diffolutions ; aux v. 13.
querelles , ni aux envies: mais revêtez-vous
de Jefus-Chrift ; & ne cherchez pas à conten-
ter votre fenfualité , en fatisfaifant à fes

L ij

défirs; alors les écailles tomberent de ſes yeux. Il en feroit de même de nos prétendus eſprits forts, s'ils pouvoient renoncer à leurs paſſions. Chez eux c'eſt le cœur qui eſt la ſource des égaremens de l'eſprit. *L'inſenſé a dit dans ſon cœur : il n'y a point de Dieu.* C'eſt dans ſon cœur qu'il l'a dit, parce que c'eſt dans le cœur que commence la corruption. Que Voltaire en faſſe l'aveu. Il n'a pas commencé par être impie. Il a commencé par être déréglé. J'en dis de même de Bayle, qui a ramaſſé dans ſon Dictionaire les ſaletés & les ordures de tous les livres qu'il a lus. S'il vivoit, & qu'il voulût nous faire ſa confeſſion, il nous diroit qu'il n'a commencé à ébranler la foi des Myſtéres, qu'après avoir permis à ſon cœur de gouter tout ce que la lecture lui préſentoit de voluptés criminelles. Ce n'eſt donc pas tant à l'eſprit qu'au cœur des libertins qu'il faut parler. Ils feront les premiers à reconnoître les illuſions de leur eſprit, quand ils feront délivrés des illuſions de leur cœur. Servons-nous des armes qu'ils nous donnent contre eux-mêmes. Ils ſe croient forts, quand ils font valoir quelque objection contre les Myſtéres. Mais avant que de leur répondre, demandons leur à quoi tendent leurs raiſonne-

mens. Quand nous aurons fecoué le
joug de la Foi, que nous en reviendra-
t'il ? En ferons-nous meilleurs ? Vos
paſſions, diſent-ils, feront moins à l'é-
troit. La crainte de l'Enfer ne vous arrêtera plus. Libre dans vos penſées,
dans vos paroles, dans vos déſirs, dans
vos actions, vous ferez déchargé d'un
fardeau qui vous accable. Plus de ces
vains fcrupules qui empêchent de gouter les plaiſirs. Vous fortirez d'efclava-
ge, & vous recouvrerez votre premiere
liberté. C'eſt donc pour fuivre ma cupidité que l'on m'apprend à fecouer le
joug de l'Evangile. Ce n'eſt donc pas
pour devenir meilleur. Tant s'en faut.
Mais dois - je écouter des hommes,
qui, étant méchans, veulent m'empêcher d'être bon ? Quel eſt le plus avantageux à l'homme, de croire les Myſtéres, en reprimant fes convoitifes ; ou
de ne rien croire, & de s'abandonner
à fes convoitifes ? Prêterai-je l'oreille
à des enchanteurs, qui fous prétexte de
de me ramener à la Religion qu'ils appellent *naturelle*, viennent me prêcher
que la cupidité n'eſt point un mal, que
la concupifcence eſt un bien, & que l'a-
mour propre qui fe fait le centre de
tout, eſt un don qui part de la main

primitive du Créateur ? Que l'on débite ces maximes fur le Théâtre : elles font dignes de la Morale lubrique qui en fait les délices. Mais que ces maximes s'enfeignent dans des livres où l'on prétend raifonner en Philofophe , c'eft la honte de notre fiécle , & la preuve la plus fenfible de la corruption où il eft enféveli.

Quand Dieu créa l'homme , il le créa avec l'amour de foi-même. Mais cet amour de foi-même ne fe terminoit pas à l'homme. Dieu étant la fin de l'homme , comme il en étoit le principe , l'homme ne voyoit en foi que ce que Dieu y avoit mis. Il s'aimoit en Dieu , & ne s'aimoit que pour Dieu. Il aimoit de même toutes les autres créatures : aucune ne faifoit fon bonheur. Il ne le cherchoit qu'en Dieu. Dieu aimé pour lui-même , & les Créatures par rapport à Dieu : tel étoit l'ordre qui regnoit dans l'état d'innocence. Mais le péché a tout renverfé. L'homme qui s'aimoit d'un amour réglé , ne s'eft plus aimé que d'un amour déréglé. Il s'eft mis à la place de Dieu. Il s'eft fait fa derniere fin ; & il eft devenu le centre de toutes fes affections. S'il a aimé les Créatures , il les a aimées par rapport à foi. Il s'eft

cherché par tout, & n'a vu que soi-même dans tout ce qu'il a fait. C'est cet
amour défordonné de foi-même qui fait
l'orgueil, amour dont l'injuftice confifte à fe décerner les honneurs qui ne font
dûs qu'à celui, qui étant le principe de
tout, doit être auffi la fin de tout. Il eft
vrai que Dieu qui fait tirer le bien du mal,
fe fert de la cupidité pour lier les hommes par leurs befoins mutuels, & leur
faire faire au moins par amour propre,
ce qu'ils ne devroient faire que par
amour pour lui. Mais le bien que Dieu
tire du mal, ne fait pas que le mal foit
un bien. Le mal refte toujours mal.
C'est un bien que les hommes foient
unis entre - eux, qu'ils forment des
focietés, qu'ils contractent des allian-
ces, qu'ils fe prefcrivent des loix, qu'ils
peuplent les villes & les campagnes,
qu'ils inventent & qu'ils cultivent les
arts : tout cela eft un bien. Mais c'eft un
mal que la cupidité le fafle, & que la
charité ne le fafle pas. *Ab initio non fuit fic.*
Ce n'eft pas tout. Comme la cupidité
fait mal le bien qu'elle fait, il y a auffi
beaucoup d'actions qu'elle corrompt,
jufqu'à n'y laiffer appercevoir aucun
bien. Telles font les actions qui repu-
gnent à la loi naturelle. On n'en verroit

aucune trace, si l'homme s'étoit con-
servé dans l'état où Dieu l'avoit créé.
La Foi nous le dit. Mais nos libertins
ne veulent point qu'on leur parle de la
Foi. Un monde où le mal n'entreroit
pour rien, & où l'ordre regneroit dans
toutes les parties, leur paroît une chime-
re. Ils aiment mieux supposer que le mal
est nécessaire pour l'avantage du tout.
Et voilà pourquoi ils ne craignent pas
de regarder la cupidité comme un bien,
comme un don du Créateur. C'est ce
faux principe qui les jette dans tous les
égaremens que nous avons vus: Comme ils ne veulent rien emprunter de la
Religion, & qu'ils prétendent trouver
dans leur raison, la solution de tout ce
qui les embarrasse, il faut nécessairement,
qu'ils donnent dans tous ces écarts. Les
Philosophes payens y ont donné avant
eux, parce qu'ils n'étoient pas guidés
par la révélation. Plaignons ceux qui
ont cette lumiere, & qui la méprisent.
Leur ingratitude égale leur aveuglement. La Religion Chrétienne ne nous
dit pas simplement que le péché d'A-
dam a causé tout le désordre qui est dans
le monde. Elle nous enseigne en même
tems que Jesus-Christ, le second Adam,
est venu réparer le mal qu'a causé le

péché. La Loi qui défendoit de fuivre fes convoitifes, n'étoit point ob-
fervée à caufe de la violence de la cupidité. Jefus-Chrift eft venu faire ob-
ferver cette divine Loi. A la place du
mauvais amour, Jefus-Chrift a répandu
dans nos cœurs le bon amour. C'eft cet
amour facré qui nous rétablit dans notre
premier état. Avec lui & par lui nous
aimons Dieu pour lui-même par deffus
toutes chofes : nous nous aimons nous-
mêmes pour Dieu, & notre prochain
comme nous - mêmes par rapport à
Dieu.

Voltaire, qui foutient contre M. Paf-
cal, qu'il *eft felon tout ordre que chacun ten-*
de à foi, *dit* : » Il eft bien vrai que Dieu
» auroit pû faire des créatures unique-
» ment attentives au bien d'autrui. Dans
» ce cas les Marchands auroient été aux
» Indes par charité ; & le Maçon eût
» fcié de la pierre pour faire plaifir à fon
» prochain. Mais Dieu a établi les cho-
» fes autrement.

Letr. 25,
p. 298.

Voltaire fait le badin, & regarde
comme chimerique un état où les hommes auroient aimé leurs freres jufqu'à
travailler pour eux gratuitement. Mais
Jefus-Chrift a plus fait. Il nous a aimés
jufqu'à mourir pour nous gratuitement.

(130)

Les Apôtres ont été jusqu'aux extrêmi-
tés du monde pour porter au monde,
avec le sacrifice de leur vie, des biens
infiniment plus précieux que toutes les
marchandises des Indes. Les premiers
fidéles de Jerusalem ont vendu leurs ter-
res pour assister leurs freres, & vivre tous
en commun. Les Chrétiens se sont fait
esclaves pour délivrer d'autres esclaves.
Ils se sont vendus pour nourrir les pauvres
du prix de leur liberté. Ils se sont mis
en prison pour délivrer des prisonniers.
Ils se sont livrés à toutes les horreurs de
la peste pour assister gratuitement leurs
persécuteurs. Mille fois ils ont donné
leur vie pour sauver celle de leurs freres.
L'histoire des trois premiers siécles de
l'Eglise est pleine de ces grands exem-
ples. S'ils sont plus rares aujourd'hui,
c'est que, conformément à la prédiction
de notre divin Sauveur, la foi s'éteint,
que la charité se refroidit, & que l'i-
niquité abonde. Mais l'Evangile ne
perd rien pour cela de sa pureté. Ses
maximes sont toujours les mêmes ; &
nous n'avons point besoin de supposi-
tions en l'air, pour trouver des hommes
qui fassent par le motif de la charité, ce
que tant d'autres font par pure cupidité.

La Religion Chrétienne ne commande que la charité, & proscrit en tout la cupidité. » Aimez vos ennemis, dit » Jesus-Christ: faites du bien à ceux » qui vous haïssent: benissez ceux qui » qui font des imprécations contre » vous, & priez pour ceux qui vous » calomnient. Si quelqu'un vous frappe » sur une joue, tendez-lui l'autre: & » si quelqu'un vous prend votre man- » teau, laissez-lui prendre aussi votre » robe. Donnez à tous ceux qui vous » demanderont, & ne redemandez » point votre bien à celui qui vous » l'emporte .... Prêtez, sans en rien es- » pérer; car si vous ne prêtez qu'à ceux » de qui vous espérez retirer la somme » que vous avez prêtée, quel gré vous » en saura-t'on, puisque les gens de » mauvaise vie s'entreprêtent de la sor- » te? Faites du bien à tous .... & vous » serez les enfans du Très-Haut, parce » qu'il est bon aux ingrats même, & » aux méchans. » Voilà la morale de Jesus-Christ. Saint Paul dit dans le même sens: » Que chacun ait en vue, non » ses propres intérêts, mais ceux des » autres. Et encore: Que personne ne » cherche sa propre satisfaction, mais le » bien des autres. Dire donc, qu'*il est*

Luc. 6.

Philip. 2. 4.

1. Cor. 10. 24.

selon tout ordre que chacun tende à soi, c'est donner le démenti à l'Evangile, & substituer à la Religion Chrétienne, une Religion dont la cupidité est la loi, & dont Dieu ne peut être le Roi.

Cependant on glisse par-tout les maximes de la nouvelle Religion. On les fait entrer jusques dans des Ecrits qui paroissent les plus éloignés du dessein de renverser la morale de Jesus-Christ. Qui se seroit attendu de les trouver, ces maximes anti-chrétiennes, dans un *Mémoire où l'on discute les intéréts qui divisent les Souverains de l'Europe depuis la mort de l'Empereur Charles VI.?* L'Auteur veut prouver que la Reine de Hongrie & le Roi d'Angleterre, en faisant la guerre au feu Empereur & à la France, violent le droit naturel ; & le principe d'où il part pour établir sa thése, c'est que *l'amour propre a été donné à l'homme pour ne désirer & n'agir que conséquemment à lui-même.* Je n'examine pas si ce beau principe est propre à établir ce qu'entreprend l'Auteur. D'autres trouveront que la conséquence qu'il en tire, est extravagante. Mais, ce que je vous prie, M. de bien observer, c'est l'affectation de fourrer par-tout les maximes de la nouvelle Religion, ou plutôt de

l'irreligion, & d'en faire couler le venin
dans tant d'Ecrits, que le monde à la
fin s'en trouve imbu fans y penfer.
» Que l'homme, dit l'Auteur dont je
» parle, foit né pour vivre en fociété ;
» que *l'amour propre lui ait été donné pour*
» *ne défirer & n'agir que conféquemment à*
» *lui-même* ; que ce vif intérêt dans cha-
» cun d'eux foit fi intimement lié avec
» celui de tous, qu'un feul ne puiffe &
» ne doive rien faire par rapport à lui,
» qu'il ne concoure en même-tems au
» bien général, duquel réciproquement
» dérive le bien particulier ; que par
» cette *chaîne invifible* tout foit concerté
» pour l'ordre univerfel ; & qu'enfin
» chaque partie qui le compofe, ait fes
» Loix qui exiftent & agiffent indépen-
» damment de nous : ce font autant de
« principes conftatés par l'expérience
» de tous les âges & de tous les Pays.

Ici, M. vous reconnoiffez les principes de Pope & de Voltaire puifés dans
Spinofa. Bien des gens auront lu ce que
je viens de tranfcrire, & n'y auront
trouvé qu'un pompeux galimathias.
Mais la lecture de mes Lettres donne la
clef de ce début emphatique. L'amour
propre qui ne tend qu'à foi, y eft carac-
térifé comme un don de Dieu, comme

la *chaîne invisible* qui lie tout. L'homme y eſt dépeint comme n'agiſſant que pour ſoi : mais en n'agiſſant que pour ſoi, il agit, ſans y penſer, pour le bien du tout. Du deſordre que l'on ſuppoſe que Dieu a mis dans l'homme, naît l'ordre univerſel, & le bien de tous les hommes. Ces grands principes, nous dit-on, ſont conſtatés par l'expérience de tous les âges & de tous les Pays.

» Quelle eſt, continue l'Auteur, la
» loi naturelle qui régle les hommes &
» les ſociétés entre elles ? Elle eſt,
» répond - il, caractériſée par cette
» *bienveillance générale* de tous envers
» tous, proportionnée au dégré de
» dépendance où ils ſont les uns des
» autres. Nous ſentons, ajoute - t'il,
» cette dépendance par les beſoins
» auſquels la nature nous a aſſujettis.
» Convaincus qu'il ne nous eſt pas don-
» né de les ſatisfaire ſeuls ; que le pou-
» voir que chacun auroit de nuire aux
» autres, eſt ſurpaſſé de beaucoup par
» celui que tous ou pluſieurs auroient
» de s'en venger, & de s'en défendre ;
» cette crainte nous donne néceſſaire-
» ment celle de ne pas faire à autrui ce
» que nous pouvons en appréhender par
» un juſte retour, & de faire pour lui ce

» que nous voudrions qu'il fît pour
» nous, lorfque notre fituation en ré-
» clame le fecours.

A quoi tend ce raifonnement, fi ce
n'eft à changer toutes les notions du
droit naturel, dans le tems même que
l'on paroît le prendre pour régle ? *Ne
faites point à autrui ce que vous ne voulez
pas que l'on vous faffe à vous-même.* Cette
maxime eft gravée dans le cœur de tous
les hommes. Jefus-Chrift nous y rap-
pelle dans l'Evangile. Mais le fens que
lui donne l'Auteur du Mémoire, eft totalement différent de celui dans lequel
elle doit être prife. C'eft par amour
pour Dieu ; c'eft par amour pour la
juftice qu'il ne faut pas faire aux autres
ce que nous ne voulons pas que l'on
nous faffe. L'Auteur du Mémoire prétend au contraire que c'eft par amour
propre. Il veut que la crainte de la
répréfaille nous empêche de commettre
une injuftice : *Cette crainte*, dit-il, *nous
donne néceffairement celle de ne pas faire à
autrui ce que nous pouvons en appréhender
par un jufte retour.* Vous avez le pouvoir
de nuire. Mais faites attention que ce
pouvoir eft furpaffé de beaucoup par
celui que tous ou plufieurs ont de *s'en
venger ;* la crainte doit donc arrêter la

main. Si l'on pouvoit faire le mal impunément, l'Auteur le permettroit. Mais dez que l'on a à craindre pour soi la vengeance de ceux que l'on attaque injustement, il faut par amour propre se contenir dans les bornes du devoir. Telle est la morale des Sectateurs de la *Religion naturelle* : où vous remarquerez qu'en substituant la crainte à l'amour dans le cœur de celui qui seroit porté à nuire au prochain, on justifie la vengeance dans le cœur de celui que l'on attaqueroit injustement. Ce n'est donc plus par amour du devoir ; Ce n'est plus par amour de la justice : c'est par amour propre que les hommes doivent se conduire. L'amour propre est l'amour primordial qu'il faut consulter. Ai-je à craindre de telle entreprise ? je ne dois pas la faire. N'ai-je rien à craindre ? quelque injuste qu'elle soit, je puis la faire, parce que *l'amour propre m'a été donné pour ne désirer & n'agir que* CONSÉQUEMMENT A MOI-MEME. Ainsi abolit-on toute idée du vrai, toute idée du Juste. La raison de vouloir est puisée dans ce que prescrit l'amour propre. C'est précisément ce que nous avons entendu dire à Spinosa.

Arrêtons-nous encore quelques momens

mens à montrer l'extravagance de ces raisonneurs. C'est l'amour de soi-même qui se concentre en soi, qui est la source de tous les maux qui sont dans le monde. *Radix omnium malorum, cupiditas.* D'où naissent les guerres & les procès ? N'est-ce pas de la cupidité ? *Unde bella & lites ? Nonne hinc ex concupiscentiis vestris ?* Chez nos beaux esprits, c'est la cupidité qui est la racine de tous les biens : & l'on ne verroit ni guerres ni procès parmi les hommes, si les hommes avoient soin de bien écouter les leçons que leur donne la mere de tous les vices.

Ne me soupçonnez pas, M. de charger le portrait. Vous venez d'entendre un Politique, qui pose pour principe que la Reine de Hongrie & le Roi d'Angleterre n'auroient point fait la guerre au feu Empereur & à la France, s'ils avoient médité ce principe, que l'*amour propre a été donné pour ne désirer & n'agir que conséquemment à soi-même.* Voltaire attaque aussi une pensée de M. Pascal, que *la pente vers soi est le commencement de tout desordre* EN GUERRE *, en police, en œconomie.* Voltaire soutient le contraire. Il veut donc nous faire croire, qu'en n'aimant que soi, & toutes choses par rap

port à foi, la guerre n'eft point à craindre ; mais qu'au contraire la paix ré-
gnera par-tout. O amour de foi-même !
Aimable cupidité ! Que les hommes
vous ont méconnue ! Toutes les lan-
gues fe font élévées contre vous : Toutes les Chaires n'ont retenti que de préceptes & d'exhortations pour vous combattre : Tous les Autels ont été chargés
de vœux & de facrifices pour obtenir de
vous détruire. Quelle ingratitude ! C'eft
vous qui êtes le principe du bonheur &
de la félicité de tous les Peuples. C'eft
vous qui faites habiter le loup avec
l'agneau. C'eft vous qui pacifiez tout.
Mais ces hommes qui, en vous aimant,
n'aiment qu'eux-mêmes, & qui veulent
que nous les imitions, que font-ils ? Ils
n'étoient point ; & celui qui appelle les
chofes qui ne font point comme celles
qui font, les voyoit il y a dix-fept
cens ans, & nous avertiffoit dès-lors
par la bouche d'un de fes Prophêtes de
nous donner de garde de leur venin.
» Sachez, dit le grand Apôtre, que dans
» les derniers jours il viendra des tems
» fâcheux. Car il y aura des hommes
» amoureux d'eux-mêmes ... glorieux,
» fuperbes ... intempérans. infolens,
» enflés d'orgueil, & plus amateurs de

2. Tim.
3.

» la volupté que de Dieu ... Comme
» Jannès & Mambrès réfisterent à Moy-
» se, ceux-ci résiftent de même à la
» vérité. Ce sont des hommes corrom-
» pus dans l'esprit, & pervertis dans la
» foi. » Tel eft le caractére de nos Dif-
coureurs. Ils ont le cœur si gâté,
& l'esprit si corrompu, qu'ils se glorifient de ce qui fait leur honte. Ils aiment le tyran qui les opprime. Ils flat-
tent l'ennemi qui les gourmande, &
s'estiment heureux de porter au-dedans
d'eux-mêmes le bourreau qui leur donne la mort. Leur perversion dans la foi
va jusqu'à éteindre en eux non-feulement les lumieres de la foi, mais les lumieres les plus simples de la raison. Eft-
il rien de si extravagant que d'attaquer
la Religion Chrétienne à titre d'ennemie de la cupidité? C'eft néanmoins ce
que fait l'Anonyme que j'ai cité dans
mes deux premieres Lettres. L'aveuglement de cet homme eft tel, qu'il veut
nous faire haïr avec lui la Religion par
l'endroit même qui nous la rend plus
chere. Il eft inquiet de ce que deviendroit la société civile, si les hommes
reprimoient leur cupidité. Si on l'en
croit, l'Evangile pratiqué, le monde ne
pourroit plus subsister. » Dépouillons-

Ch. 13. » nous, dit-il, de nos préjugés ; nous
» verrons que la Religion Chrétienne
» est nuisible à la société civile. Elle
» nous ordonne le mepris des richesses.
» Ce mépris détruit entiérement le
» commerce, qui est l'ame de la société.
» L'Ecriture nous dit qu'il suffit de vou-
» loir devenir riche pour tomber dans
» les filets du démon : *Qui volunt divites
» fieri, incidunt in laqueum diaboli.* C'est
» cependant ce désir, dit mon Anony-
» me, qui lie les Nations & les particu-
» culiers par un ordre admirable de la
» Providence. Si on retranche ce désir
» parmi les hommes, dans quel état
» d'assoupissement fait-on tomber l'U-
» nivers ? La Religion Chrétienne, con-
» tinue-t'il, blâme la curiosité d'appro-
» fondir les sciences. Ce principe ne
» conduit-il pas dans l'ignorance ? Est-
» on capable de fréquenter les compa-
» gnies, & de remplir de grands em-
» plois, si on ne fait preuve d'une capa-
» cité raisonnable ? Elle condamne tout
» penchant d'un sexe pour l'autre ; ou si
» l'on ne peut pas se vaincre sur ce point,
» elle ordonne de se marier, & nous
» plonge par-là dans un gémissement
» continuel. Elle défend les entretiens,
» les fréquentations d'un sexe différent,

» parce qu'on s'expose à commettre
» de l'offense, en se familiarisant avec
» le sexe. *Qui amat periculum, peribit in*
» *illo.* Elle ne permet tout au plus ces
» entretiens que dans des occasions ex-
» traordinaires. Combien de consé-
» quences contraires à la société ci-
» vile, ne tirera-t'on pas de ces
» commandemens ? ....:. La Religion
» Chrétienne, continue l'Anonyme,
» veut que nous rapportions tout à une
» félicité à venir, que nous ne connois-
» sons pas. C'est vouloir nous détacher
» de la félicité présente, que l'Auteur de
» la nature semble avoir eu en vûe uni-
» quement .... Un bon Citoyen, ajou-
» t'il, doit, suivant la Religion Chré-
» tienne, renoncer à ce qui établit les
» regles de la société. Il faut qu'il soit
» ignorant ; qu'il croye aveuglément
» tout ce que ses Pasteurs lui enfei-
» gnent ; qu'il méprise les honneurs,
» les richesses ; qu'il abandonne ses
» parens, ses amis ; qu'il garde sa vir-
« ginité ; qu'il vive dans un désert : en
» un mot, qu'il soit un membre inutile
» sur terre. N'est-ce pas là renverser l'or-
» dre des choses ? Et ces préceptes ne
» font-ils pas le tombeau de la raison ?

J'ai rapporté cet extrait un peu au long pour montrer jusqu'où va l'extinction de la raison dans ces hommes qui croyent voir dans l'Evangile le tombeau de la raison. Celui-ci ne s'est pas apperçu que dans ce qu'il dit de vrai, c'est l'apologie de la Religion qu'il fait ; & que les coups qu'il veut nous porter, retombent contre lui-même. Où est la pudeur d'oser faire un crime à la Religion, des régles si exactes qu'elle prescrit pour prévenir tout désordre entre les deux sexes ? Lui reprocher qu'elle renferme le penchant d'un sexe pour l'autre dans les bornes d'un légitime mariage : Que cette plainte caractérise bien le genie de ceux qui la font ! Est-il donc de l'intérêt de la société que les deux sexes ayent plus de liberté que la Religion ne leur en accorde ? C'est aux peres & aux meres, c'est aux maris à nous dire, si les loix de l'Evangile sont trop séveres à cet égard. Mais pourquoi interroger des Chrétiens ? Combien de Payens seroient scandalisés de la Morale de ces nouveaux Cyniques ? Celui-ci, pour trouver dans l'Evangile, *le tombeau de la raison*, change en précepte ce qui n'est que de conseil. Jesus-Christ n'ordonne point à tous les hommes d'être vierges. Il déclare au-contraire que cela n'eſt pas donné à tous. Où notre raiſonneur a-t'il pris qu'il faut, ſelon la Religion Chrétienne, qu'un bon Citoyen abandonne ſes parens, ſes amis ; qu'il vive dans un déſert, & qu'il ſoit un membre inutile ? La Religion Chrétienne dit au-contraire, que chacun demeure dans la condition dans laquelle il a été appellé à l'Evangile. Elle ne change point les états ; mais elle en regle les devoirs. Elle dit aux gens de guerre : Contentez-vous de votre ſolde ; & aux Financiers : N'exigez rien au-delà de ce qui vous a été ordonné. Elle dit aux Sujets : Rendez à Céſar ce qui appartient à Céſar. Elle ne défend point de poſſéder de grands biens ; mais elle défend de les acquérir par des voyes injuſtes, & d'y mettre ſon affection. Elle dit aux parfaits : Vendez ce que vous avez & le donnez aux pauvres. Enfin, à tous ceux qui ſont engagés dans le monde, elle dit : Que ceux qui ont des femmes, ſoient comme s'ils n'en avoient point : Que ceux qui achetent, ſoient comme s'ils ne poſſedoient point : Que ceux qui uſent de ce monde, ſoient comme s'ils n'en uſoient point. Il eſt vrai que si l'ame meurt avec le corps, ces préceptes sont trop élevés. Si nous n'avons d'espérance qu'en cette vie, nous sommes les plus misérables de tous les hommes. Mais croire l'immortalité de l'ame, est-ce le tombeau de la raison? Si l'ame est immortelle, est-il rien de si raisonnable, que de se regarder comme étranger sur la terre? La vraie patrie peut-elle être dans un lieu où nous ne faisons que passer? L'homme veut être heureux; & il sent qu'il ne le peut être que dans la jouissance d'un bien toujours durable. Notre Epicurien ne pense à former des Citoyens que pour le monde présent. La Religion Chrétienne s'attache à les former pour le monde futur. Mais quels Citoyens que ceux dont mon Anonyme prétend former la société civile? En tout c'est la cupidité qui les guide : c'est l'amour propre qui les fait agir. Bel objet de vœux & de désirs pour ceux qui gouvernent! Les Rois n'auroient-ils pas bien lieu de s'applaudir de n'avoir pour sujets que des hommes qui leur seroient attachés autant que la cupidité le leur persuaderoit? A quoi pensent nos Princes de souffrir dans leurs Etats une Religion qui apprend aux sujets à payer

les

les tributs , les impôts , les subfides ,
non-feulement par la crainte d'être pu-
nis ; mais encore par devoir & par con-
fcience ? *Non folùm propter iram , fed* Rom.
etiam propter confcientiam. Oui , donnez-
moi des Chrétiens ; & les villes n'auront
plus befoin de barrieres pour empêcher
les fraudes ; la bonne foi regnera dans
le Commerce ; la chicanne fera bannie
du Palais ; la difcorde ne troublera plus
les familles ; on ne parlera plus d'infi-
delité dans les mariages ; la jeuneffe fui-
ra les jeux , les fpectacles & les lieux de
débauche. Une Religion qui prefcrit
la foumiffion aux Princes, la fidelité
dans le commerce, l'union dans les familles, la chafteté dans les mariages ,
eft-elle préjudiciable à la fociété civile ?
Nos beaux efprits ne veulent pas voir
que ce qui met le trouble dans les
Royaumes , dans les Villes & dans les
Campagnes , c'eft cet amour propre ,
cette cupidité dont ils font les adora-
teurs. Pour nous , éclairés des lumieres
de la foi , nous voyons dès le commencement du monde s'élever deux Cités ,
dont l'amour de foi-même jufqu'au mépris de Dieu , & l'amour de Dieu juf- Aug. de
qu'au mépris de foi-même forment les Civ.Dei,
Citoyens : *Fecerunt Civitates duas amores* lib. 14.
                                           cap. 28.

duo , terrenam scilicet amor sui usque ad con-
temptum Dei , cœlestem verò amor Dei usque
ad contemptum sui. Dans ce long espace
de siécles, ces deux Cités rassemblent de
tous les endroits de la terre leurs habitans qui y sont disperfés. L'une , beaucoup plus étendue , me montre des
peuples sans nombre & des vices sans
fin. Je vois dans l'autre peu de Citoyens ; mais les vertus y abondent.
Là j'apperçois les œuvres de la chair ;
la fornication , l'impureté , la dissolu-
tion, l'idolâtrie, les empoisonnemens ,
les inimitiés, les dissensions, les jalou-
fies , les animofités , les querelles, les
divisions , les héréfies , les envies , les
meurtres , les yvrogneries , les débauches. Ici viennent se présenter en foule
les fruits de l'Esprit; la charité , la joie,
la paix, la patience, l'humanité, la bonté , la perfévérance , la douceur , la foi,
la modeftie , la continence , la chafteté.
Si Babylone dit : J'ai des vertus, & des
Philofophes qui les ont pratiquées: Que
vois-je dans ces animaux de gloire? Un
vain éclat qui disparoît , dès qu'on l'ap-
profondit. Des vertus qui n'ont pour
principe que l'amour de soi-même , ne
peuvent être que de fausses vertus. Il
n'en eft pas de même des Citoyens de
Jerufalem. Sachant que l'homme s'eft

Gal. V.
19... 23.

perdu par l'orgueil, ils s'abaissent, & protestent devant Dieu que lui seul est grand, que lui seul est saint. Pauvres d'esprit, humbles de cœur, ils ne voient que Dieu dans tout ce qu'ils font; ils ne cherchent que lui, & ne se glorifient qu'en lui. Qu'elle est belle, cette Cité qui comprend tous les justes depuis l'innocent Abel jusqu'à nous! Le peuple qui l'habite, est vraiment la nation sainte, un peuple de Prêtres & de Rois; de Prêtres, qui s'immolent perpétuellement devant la majesté de Dieu; de Rois, qui jettent leurs couronnes devant le Trône de l'Agneau, qui les a rendus victorieux du monde & de toutes ses convoitises. Est-ce la cupidité, qui a donné au monde les Patriarches, les Prophetes, les Apôtres, les Martyrs, les Confesseurs, les Solitaires, les Vierges, & cette troupe innombrable de justes qui ont déja paru sur la terre, & qui en ont toujours fait l'ornement? Qui ne préferera d'être dans la société de ceux qui nous ont appris à mourir à nous-mêmes, & à vaincre nos passions? Jerusalem, Cité de Dieu; que ma langue soit attachée à mon gosier, & que ma droite soit mise en oubli, s'il m'arrive jamais de t'oublier ! Je l'ai dit, & je le repete : Quelle différence entre des hommes qui n'ont que les foibles lumieres de la raison pour se conduire ; & des hommes qui sont éclairés des lumieres de la foi ! Les premiers marchent à tâtons. Ils ignorent d'où ils viennent, & ne savent où ils vont. Les seconds savent qui les a faits, & pourquoi ils sont faits. Non-seulement ils savent qu'ils sont faits pour Dieu ; mais ils connoissent de même la voye pour aller à Dieu. Jesus-Christ est cette voye : » Il n'y a point de salut par

Act. Ap. 4. 12. » aucun autre ; car nul autre nom sous » le ciel n'a été donné aux hommes par » lequel nous devions être sauvés. » Nos Philosophes veulent traiter avec Dieu sans médiateur, & tombent dans des égaremens continuels. Mais Dieu, depuis le peché du premier homme, ne veut se communiquer aux hommes que par son Verbe, qui s'est fait homme pour être notre justice, notre sanctification, & notre rédemption. Dieu est le pain de tous les esprits. Mais pour

Aug. nous mettre en état de le manger, il a fallu que la Sagesse éternelle se fît lait, qu'elle nous prît dans son sein, qu'elle nous découvrît ses mammelles, & quelle nous fit passer de l'enfance à l'état d'un homme. » Vous tous qui avez soif,

» s'écrie cette divine Sagesse, venez
» aux eaux. Vous qui n'avez point d'ar-
» gent, hâtez-vous, achetez & mangez.
» Venez, achetez sans argent & sans au-
» cun échange le vin & le lait. Pourquoi
» employez-vous votre argent à ce qui
» ne peut vous nourrir, & vos travaux
» à ce qui ne peut vous rassasier ? Ecou-
» tez-moi avec attention ; nourrissez-
» vous de la bonne nourriture que je vous
» donne ; & votre ame, en étant com-
» me engraissée, sera dans la joie. Prê-
» tez l'oreille, & venez à moi ; & votre
» ame trouvera la vie : je ferai avec
» vous une alliance éternelle pour ren-
» dre stable la miséricorde que j'ai pro-
» mise à David. »

Isaïe. 55

Mais nos Philosophes sont sourds aux
cris & aux invitations de la Sagesse.
Fiers de quelque lumiere qu'ils trouvent dans leur raison, ils croient n'a-
voir besoin que d'eux-mêmes pour aller jusqu'à Dieu. Ils connoissent qu'il
est, ses ouvrages le disent. Mais ce
n'est pas assez de connoître qu'il y a un
Dieu, si on ne le glorifie comme Dieu.
Et qu'est-ce que glorifier Dieu, sinon
l'aimer comme source de toute justice,
& n'attendre que de lui cette justice,
qui seule peut nous unir à lui ? Or ce
qui trompe nos superbes, c'est qu'ils

croient être affez riches pour tirer de leur propre fonds l'amour qui unit à Dieu, & qui glorifie Dieu. Ils ne voient pas que Dieu qui eft le principe de tout, doit être néceffairement la fin de tout; & que tout amour qui ne fe termine point à Dieu, eft un défordre. Mais puifque, de leur aveu, l'amour qui naît avec nous, fait que ce que nous aimons, nous ne l'aimons que pour nous; qui ofera dire, que l'homme glorifie Dieu, en s'aimant lui-même de l'amour qui n'eft dû qu'à Dieu? Un amour qui porte l'homme à fe mettre à la place de Dieu, peut-il ne pas déplaire à Dieu? Il faut donc que l'amour qui fait que l'on s'attache à Dieu comme fin derniere, vienne d'ailleurs. Eh! qui peut le donner „que celui qui a déja tout donné? Mais Dieu ne le donne que par Jefus-Chrift, cet amour qui juftifie. Toutes les lumieres de la raifon, tous les efforts de l'homme ne peuvent le lui procurer. Voilà ce que la fageffe de ce monde ne comprend point. Mais en cela même la Sageffe divine la convainc de folie. La vie éternelle confifte à connoître Dieu, & Jefus-Chrift qu'il a envoyé. Jefus-Chrift eft la voie, la vérité & la vie. Qui n'eft point avec Jefus-Chrift, eft contre lui. Qui ne recueille

point avec lui, diffipe. Dire, des paroles de Jefus-Chrift, elles font dures,
qui peut les entendre ? c'eft imiter les
Capharnaïtes. Dire avec les Apôtres :
Seigneur, à qui irions - nous ? Vous
avez les paroles de la vie éternelle ; c'eft .
prendre l'unique parti qu'il y ait à prendre dans la voie du falut. Tout dit à
l'homme qu'il n'eft plus ce qu'il étoit,
quand il eft forti des mains de Dieu.
Tout lui crie qu'il a befoin d'un Sauveur. Tout l'ancien Teftament le lui
promet, ce Sauveur ; & tout le Nouveau le lui montre en la Perfonne de
J.C. C'eft lui qui a fait l'objet des défirs
& des vœux de tous les Juftes qui ont
précédé fa venue. Tous l'ont regardé
comme leur Libérateur. Ils l'ont vu
immolé dès le commencement du monde fous les Types qui fervoient à le re-
préfenter. C'eft la foi en fon nom qui
les a juftifiés ; & cette foi eft celle qui
nous juftifie encore aujourd'hui. Te-
nons-nous-y inviolablement attachés,
& rejettons avec horreur les difcours
de ces hommes nouveaux, qui veulent
nous perfuader d'abandonner la voie de
la foi pour fuivre celle d'une raifon éga-
rée. Je n'ai fait que montrer les maximes déteftables qu'ils fement dans leurs
Ecrits : Mais les avoir montrées, c'eft

les avoir réfutées ; c'est avoir prouvé l'intérêt que l'Eglise & l'Etat ont de s'y opposer. Quels ravages n'ont-elles pas déja fait dans les esprits ? Laissera-t'on débiter impunément les livres qui les contiennent ? Les *Lettres Philosophiques* de Voltaire ont été flétries par un Arrêt, & brulées par la main du Bourreau. Mais le livre de Pope n'a reçu encore aucune flétrissure. Il ne paroît aucun acte par lequel M. du Resnel, Prêtre, Chanoine & Abbé, ait témoigné à l'Eglise son repentir d'avoir traduit le Poëme Anglois. L'approbation de l'Académie des Inscriptions & Belles-Lettres est toujours à la tête du Poëme que l'on continue de débiter avec le Privilége du Roi. Bien certainement l'Académie n'a point prétendu autoriser un livre qu'elle auroit soupçonné de donner atteinte à la Religion. J'ai donc lieu d'espérer, maintenant que la chose est mise dans le plus grand jour, que ceux qui ont concouru à donner du crédit au Poëme de Pope, se feront un devoir de l'abandonner, & de retirer leurs suffrages & leurs noms d'un ouvrage que tout Chrétien doit avoir en exécration. Je suis, &c.

Le 10 *Décembre* 1745.